나에게
위로를 주는

따뜻한
손그림

**나에게 위로를 주는
따뜻한 손그림**

**초판 1쇄 발행** 2019년 4월 30일

**지은이** 노지혜
**펴낸이** 이지은  **펴낸곳** 팜파스
**기획·진행** 이진아  **편집** 정은아
**디자인** 조성미
**마케팅** 정우룡, 김서희
**인쇄** 케이피알커뮤니케이션

**출판등록** 2002년 12월 30일 제10-2536호
**주소** 서울시 마포구 어울마당로5길 18 팜파스빌딩 2층
**대표전화** 02-335-3681  **팩스** 02-335-3743
**홈페이지** www.pampasbook.com | blog.naver.com/pampasbook
**페이스북** www.facebook.com/pampasbook2018
**인스타그램** www.instagram.com/pampasbook
**이메일** pampas@pampasbook.com

값 18,000원
ISBN 979-11-7026-243-5 (13590)

ⓒ 2019, 노지혜

· 이 책의 일부 내용을 인용하거나 발췌하려면 반드시 저작권자의 동의를 얻어야 합니다.
· 잘못된 책은 바꿔 드립니다.
· 이 책에 나오는 작품 및 일러스트는 저자의 소중한 작품입니다.
· 작품에 대한 저작권은 저자에게 있으며 2차 수정·도용·상업적 용도·수업 용도의 사용을 금합니다.

이 도서의 국립중앙도서관 출판시도서목록(CIP)은 서지정보유통지원시스템 홈페이지(http://seoji.nl.go.kr)와 국가자료공동목록시스템(http://www.nl.go.kr/kolisnet)에서 이용하실 수 있습니다.(CIP제어번호: CIP2019014134)

# 나에게 위로를 주는 따뜻한 손그림

달눈(dalnuun)
노지혜 지음

토닥토닥

연필과 색연필
그리고
오일 파스텔로 그리는

일러스트
따라 그리기

flamingo
ice cream

팜파스

 Prologue

소소한 것에서 행복을 느낄 때가 있어요.
손때 묻은 오래된 물건들, 좋아하는 스웨터, 따뜻한 커피 한 잔.

그림 그리는 것은 저에게 익숙한 일상이지만 언제나 작은 행복을 줍니다.
어지럽게 늘어놓은 도구들과 함께하는 시간을 좋아해요.
거창하진 않지만 내 손에 익은 색연필과 오일 파스텔로
이것저것 떠오르는 것을 그릴 때면 더할 나위 없이 편안한 기분을 느낄 수 있어요.

그래서인지 힘들고 지칠 때면 복잡한 생각은 접어두고 차분히 그림을 그려요.
그림이 완성될 즈음이면 어느새 생각은 조금 느슨해지고
마음은 따뜻함으로 가득해집니다.

무심코 지나쳤던 내 주위의 크고 작은 일상의 모습을 눈에 담아보세요.
내가 좋아하는 것들, 행복했던 순간들을 떠올려보세요.
그리고 가벼운 마음으로 그림을 그려보세요.
처음부터 잘 그리지 않아도 괜찮아요. 그림을 그리는 그 자체만으로
한 걸음을 내디딘 거니까요.

지치고 고단한 하루,
이 책을 통해서 작지만 따뜻한 위로를 받으시기 바랍니다.

# Contents

Prologue   ⋯005

**Basic**

**그림을 그리기 전에**

**Basic 1**   재료와 도구   ⋯013

**Basic 2**   그림을 그리기 위한 기초

자료 수집하기   ⋯017
연필로 드로잉 하기   ⋯017

**색연필로 그리기**

형태 그리기   ⋯018
칠하기   ⋯018
외곽선 그리기   ⋯019

**오일 파스텔로 그리기**

밑그림 그리기   ⋯020
색칠하기   ⋯020

**혼색하여 표현하기**

오일 파스텔로 혼색하기   ⋯023
색연필로 순서를 달리하여 혼색하기   ⋯024

**레터링 하기**

큰 레터링을 적을 때   ⋯025

첫 번째
위로

## 소소한 물건

연필 그림 ···028
개어놓은 옷 ···036
성냥갑 ···044
작은 물건들 ···050
취미 ···058
캔들과 홀더 ···064
컵 ···072
패션 소품 ···080

두 번째
위로

## 꽃과 초록

연필 그림 ···090
꽃다발 ···096
꽃병 ···100
꽃 화분 ···106
단풍과 낙엽 ···118
선인장 ···122
카네이션 ···126
튤립 바구니 ···130

세 번째
위로

# 달콤한
# 것들

연필 그림 ⋯ 136
딸기 디저트 ⋯ 142
살구 우유 ⋯ 154
시폰 케이크 ⋯ 158
에이드 ⋯ 162
조각 케이크 ⋯ 176
초코 디저트 ⋯ 180
플라밍고 아이스크림 ⋯ 190

네 번째
위로

# 따뜻한
# 한 끼

연필 그림 ⋯ 196
떡볶이 ⋯ 202
명란 아보카도 비빔밥 ⋯ 206
오므라이스 ⋯ 210
집밥 ⋯ 214
파스타 ⋯ 222
피자 ⋯ 228
햄버거 세트 ⋯ 234

다섯 번째
위로

# 위로가
# 되는
# 시간

연필 그림 ⋯ 242

뜨개질 ⋯ 246

생일 ⋯ 252

카페 ⋯ 258

커피 한 잔 ⋯ 266

크리스마스 리스 ⋯ 270

피크닉 ⋯ 274

화분 갈이 ⋯ 282

여섯 번째
위로

**그림으로
만들기**

종이 꽃다발 ⋯ 290

책갈피 ⋯ 295

팝업 생일카드 ⋯ 298

Basic

그림을
그리기
전에

# Basic 1

## 재료와 도구

### 색연필

색연필은 유성과 수성으로 나누어집니다. 유성은 기름 성분으로 물에 강해 보존력이 좋고, 발색이 선명한 것이 특징이에요. 그래서 세심하게 표현하기에 용이합니다. 반면 수성은 물에 잘 혼합되는 것이 특징이에요. 수성 색연필로 칠한 후, 물로 리터치하면 쉽게 번져서 수채화 물감 같은 효과를 낼 수 있습니다. 같은 유성, 수성이라도 브랜드마다 조금씩 다른 특징을 가지고 있기 때문에 본인에게 맞는 색연필을 선택하는 것이 중요해요. 이 책에서 사용한 색연필은 프리즈마 유성 색연필로 색이 선명하고, 덧칠하여 혼색하기에 좋습니다.

> **TIP** 색 계열마다 채도, 명도의 단계별로 2~3가지 이상의 색을 구비하는 것이 좋아요.
> 같은 대상이라도 좀 더 풍부한 느낌을 표현할 수 있습니다.
> 예) 밝은 빨간색, 빨간색, 진한 빨간색

> **TIP** 회색 계열은 차가운 회색, 따뜻한 회색으로 다양하게 구비하는 것이 좋아요.
> 색이 튀지 않아 다른 색과도 잘 어우러져 여러모로 쓰임새가 많습니다.

## 오일 파스텔

오일 파스텔은 크레파스의 고급형이라고 생각하면 됩니다. 크레파스와 같이 부드럽고 무른 질감이 특징이에요. 오일 파스텔 특유의 따뜻한 느낌으로 같은 그림이라도 좀 더 멋스러운 분위기를 낼 수 있습니다. 다른 미술 도구에 비해 비교적 저렴한 편이어서 부담 없이 편하게 사용할 수 있습니다. 브랜드마다 다른 색감과 특징을 가지고 있기 때문에 본인에게 맞는 오일 파스텔을 선택하는 것이 중요해요. 이 책에서 사용한 오일 파스텔은 펜텔 오일 파스텔입니다.

> **TIP** 스케치할 때는 수성 색연필을 사용하세요.
> 연필로 스케치하면 밝은색 오일 파스텔의 경우 선이 비치기 때문에 지워가며 그려야 하는 번거로움이 있어요. 그래서 저는 연필 대신 아주 옅은 회색의 수성 색연필을 사용합니다. 연하게 스케치하면 지우지 않고 바로 칠해도 선이 비치지 않아 유용해요. 그리고 지우개로 지워진다는 장점도 있어요.

## 연필

연필은 우리에게 가장 친숙하고 접하기 쉬운 도구입니다. 수정이 용이하기 때문에 다른 도구에 비해 부담 없이 자연스럽고 과감하게 그릴 수 있어요. 연필은 심의 강도와 진하기에 따라 B와 H로 나누어집니다. B는 무르고 진한 심을 뜻하고, H는 단단하고 연한 심을 뜻합니다(4B〉2B〉B〉HB〉H). 이 책에서 사용한 연필은 HB와 2B입니다. 저는 주로 번짐이 덜한 HB로 그리고, 면을 칠하거나 진한 느낌을 내고 싶을 때 2B를 섞어 사용합니다.

## 종이

종이는 두께와 질감, 색감에 따라 종류가 다양하기 때문에 그리는 도구에 맞게 선택합니다. 색연필과 오일 파스텔은 덧칠하여 혼색하거나 긁는 기법을 사용하기 때문에 적당히 도톰한 종이가 좋아요. 그리고 너무 부드러운 질감은 미끄러울 수 있으니 적당히 고운 결의 종이를 선택합니다. 연필은 가벼운 드로잉이나 아이디어 스케치용으로 자주 그리기 때문에 휴대하기 용이한 A5 이하 사이즈가 좋아요. 그리고 비교적 저렴하고 얇은 종이를 사용해도 무방합니다. 색감은 백색과 크림색을 띠는 미색이 있어요. 백색은 그림을 선명하게 보이게 하고, 미색은 따뜻한 분위기를 낼 때 용이합니다. 그리려는 그림의 색감과 분위기에 따라 선택하세요.

### 연필깎이

색연필의 세밀한 묘사나 오일 파스텔의 긁는 기법을 사용할 때 수시로 심을 깎아주어야 합니다. 칼로 깎아도 되지만 뒤처리가 번거롭기 때문에 연필깎이를 사용하면 편리합니다. 끝까지 깎으면 너무 뾰족해서 심이 쉽게 부러질 수 있기 때문에 조금씩 깎으며 정도를 확인해주세요.

### 지우개와 붓

**지우개**
이 책에서 그린 그림은 크기가 작기 때문에 무른 것보다는 적당히 단단한 지우개를 사용하는 것이 좋아요. 세밀한 부분을 지울 때는 지우개를 잘라서 날렵한 모서리 부분으로 깔끔하게 지워줍니다.

**붓**
색연필 가루나 지우개 가루를 걷어낼 때 붓을 사용하면 유용합니다. 손으로 털어내면 그림이 번질 우려가 있기 때문에 넓은 납작붓으로 부드럽게 쓸어내주세요.

# Basic 2

## 그림을 그리기 위한 기초

**자료 수집하기**

그리고 싶은 주제를 정했다면 책이나 인터넷을 통해서 자료를 수집합니다. 평소에 찍어놓은 사진들도 좋은 자료가 될 수 있어요. 상상만으로 그리는 것보다 훨씬 다채로운 그림이 될 수 있고, 구도를 잡을 때도 도움이 됩니다.

**연필로 드로잉 하기**

본격적으로 그리기 전에 연필로 가볍게 드로잉을 많이 해보세요. 맛있었던 음식이나 예쁜 건물, 내가 아끼는 물건들. 그릴 것들은 무궁무진합니다. 작은 드로잉 북을 따로 준비해 차곡차곡 꾸준히 그리다 보면 자신만의 그림체가 생기고, 그 자체로 좋은 자료가 될 수 있습니다. 이것을 바탕으로 색연필이나 오일 파스텔로 옮겨 그리면서 색을 입혀보세요.

# 색연필로 그리기

## 형태 그리기

색을 칠하기 전에 그림의 형태를 선으로 그립니다. 그리려는 부분의 바탕 면과 같은 색으로 강약 없이 그려주세요. 가장 중심이 되는 부분의 외곽선을 먼저 그려도 되고, 각각의 색으로 전체 외곽선을 한꺼번에 그려도 됩니다.

### 선 그리기

다양한 모양의 직선과 곡선을 여러 번 그려서 손에 익혀두세요. 한 번에 그리기 힘들어서 중첩된 선을 그리면 자칫 지저분한 그림이 될 수 있어요. 이 점을 유의하며 반복적으로 연습해서 반듯한 선을 그릴 수 있도록 합니다.

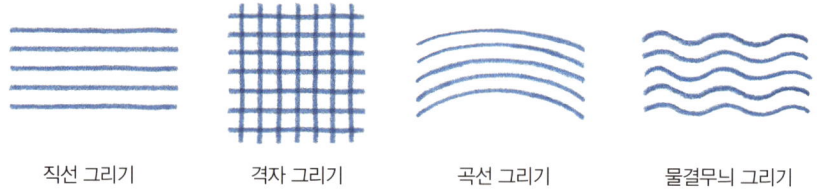

직선 그리기     격자 그리기     곡선 그리기     물결무늬 그리기

## 칠하기

면을 칠할 때는 진하게 칠할 부분과 연하게 칠할 부분을 확실하게 구분해야 합니다. 처음 그림을 그리면 모든 바탕색을 연하게 칠하는 실수를 할 수가 있어요. 그렇게 되면 자칫 단조롭고 분산되는 느낌의 그림이 될 수 있습니다. 진한 부분은 손에 힘을 줘서 꼼꼼하고 깔끔하게 칠해주세요. 혼색을 하거나 덧그릴 때는 손에 힘을 빼고 연하고 부드럽게 칠해줍니다.

### 단계별로 칠하기

색연필을 쥔 손에 강약으로 힘 조절을 하면서 단계별로 칠하기를 연습해보세요. 연하게 칠할수록 거친 결이 되고, 진하게 칠할수록 고운 결이 됩니다.

### 피해서 칠하기

바탕 면에 무늬나 작은 디테일이 있을 때 잘못 색칠하면 색이 번지거나 형태가 엉성해질 수가 있어요. 그럴 때는 먼저 바탕색으로 그림의 둘레를 따라 그려주세요. 그리고 그림을 피해서 면을 꼼꼼히 칠해줍니다.

## 외곽선 그리기

그림의 마무리 단계로 외곽선을 그려주세요. 외곽선이 필수적인 것은 아니지만 강조하고 싶은 부분이나 형태를 선명하게 표현할 때 그려줍니다. 기본적으로 바탕색과 같은 계열의 조금 더 진한 색을 선택합니다. 예외로 같은 계열이 아니더라도 잘 어울리는 색을 선택해도 좋아요. 외곽선은 면의 둘레에 그리거나 가장자리의 살짝 안쪽으로 덧그립니다. 강약으로 힘 조절을 하면서 그림에 어울리는 표현법으로 마무리해보세요.

둘레에 그리기         가장자리에 덧그리기

# 오일 파스텔로 그리기

### 밑그림 그리기

오일 파스텔로 그리기 전에 밑그림을 먼저 그리면 실패 확률이 적고 완성도도 높아집니다. 심의 두께만큼 그림의 사이즈도 커지기 때문에 자칫 실수를 하면 종이가 낭비되기 쉬워요. 이를 방지하기 위해서 적응이 되기 전까지는 러프하게 밑그림을 그린 후에 색을 칠해주세요.

### 색칠하기

어릴 적 크레파스로 그림을 그려본 기억이 있을 거예요. 오일 파스텔도 크레파스의 질감과 같다고 생각하면 됩니다. 다른 점이 있다면 오일 파스텔은 표현 방법이 다양해요. 어떻게 표현하느냐에 따라 그림의 분위기도 달라집니다.

**선 그리기**

힘의 세기에 따라 질감과 두께가 달라집니다. 약한 힘으로 칠하면 거친 결을 표현할 수 있고, 강한 힘으로 칠하면 고운 결을 표현할 수 있어요. 강약으로 힘 조절을 하면서 선 그리기를 연습해보세요.

**칠하기**

오일 파스텔은 특유의 무른 질감으로 쉽게 번질 수 있어요. 그렇기 때문에 되도록 밝은색을 먼저 칠한 후에 진한 색을 칠해주세요. 약한 힘으로 칠하면 거친 결을 표현할 수 있고, 강한 힘으로 칠하면 고운 결을 표현할 수 있어요. 강약으로 힘 조절을 하면서 면 칠하기를 연습해보세요.

**색연필과 함께 칠하기**

색연필은 오일 파스텔의 단점을 보완해주는 역할을 합니다. 오일 파스텔은 심의 두께가 두껍기 때문에 좁고 세밀한 부분을 칠하는 데 한계가 있어요. 그럴 때는 무리해서 칠하지 말고, 오일 파스텔과 비슷한 색의 색연필로 유연하게 칠해주세요. 그리고 얇은 선을 그려야 할 때나 작은 레터링을 할 때도 색연필을 사용합니다.

컵 외곽선　　　　꽃의 수술　　　　레터링

**그러데이션 하기**

오일 파스텔의 가장 큰 장점은 무른 질감으로 섞기 쉽다는 거예요. 그 장점을 살려서 그러데이션을 표현해보세요. 색의 가지 수와 계열에 상관없이 표현이 가능해요. 진한 색 → 중간색 → 연한 색 3단계로 그러데이션을 연습해봅니다.

진한 단계의 색을 칠해주세요.

중간 단계의 색으로 1단계의 경계를 아래쪽에서 위쪽으로 섞듯이 덧칠해주세요.

연한 단계의 색으로 2단계의 경계를 아래쪽에서 위쪽으로 섞듯이 덧칠해서 그러데이션을 완성해주세요.

> **TIP** 덧칠한 후에는 반드시 오일 파스텔의 표면을 휴지로 깨끗이 닦아주세요. 그렇지 않으면 다음 그림을 그릴 때 색이 섞이게 됩니다.

**긁어주기**

긁어주는 방법은 오일 파스텔의 대표적인 표현 방법 중 하나입니다. 흰색 색연필을 뾰족하게 깎아서 오일 파스텔로 칠한 면을 긁어주는 방법이에요. 겹쳐진 면을 나누거나 외곽선 정리, 디테일한 무늬를 표현할 때 사용합니다. 긁은 후에 나오는 찌꺼기는 색연필 끝에 잘 묻혀서 걷어냅니다.

직선으로 긁어주기    잎맥 긁어주기

**수정하기**

오일 파스텔을 완전히 지우는 것은 불가능하지만 두 겹을 칠했을 때, 두 번째 덧칠한 색은 수정할 수 있어요. 칼이나 뾰족한 흰색 색연필로 두 번째 칠한 색을 살살 긁어 완전히 걷어내주세요. 그리고 첫 번째 칠한 색을 덧칠하면 깔끔하게 수정됩니다.

### 혼색하여 표현하기

같은 그림이라도 덧칠해서 혼색을 하면 좀 더 볼륨감 있고 깊이 있는 느낌을 줄 수 있어요. 그리고 칠하는 순서에 따라 색감도 조금씩 달라지기 때문에 한정된 색 안에서도 그 이상의 다양한 색을 표현할 수 있습니다.

**오일 파스텔로 혼색하기**

오일 파스텔을 혼색해서 더 다양한 색을 조합해보세요.

**색연필로 순서를 달리하여 혼색하기**

같은 두 가지 색이라도 칠하는 순서에 따라 조금씩 다른 색감을 띠게 됩니다.

Yellowed Orange + Light Blue =

Yellow + Lilac =

Light Blue + Yellowed Orange =

Lilac + Yellow =

Yellow + Burnt Ochre =

Blue + Yellow =

Burnt Ochre + Yellow =

Yellow + Blue =

Red + Spring Green =

Orange + Green =

Spring Green + Red =

Green + Orange =

## 레터링 하기

레터링은 글자의 두께와 색의 진하기, 발색 정도를 고려하여 표현합니다. 일반적인 작은 글자를 쓸 때, 바탕색보다 진한 색을 선택했다면 위에 겹쳐 써주세요. 반대로 연한 색을 선택했다면 레터링을 먼저 한 후에 바탕색을 칠해줍니다. 크고 두꺼운 글자를 쓸 때는 색에 상관없이 레터링을 먼저 한 후에 바탕색을 칠해주세요.

**큰 레터링을 할 때**

큰 레터링을 할 때는 두 가지 방법이 있습니다. 첫 번째는 선의 형태로 레터링 한 후, 살을 붙이듯이 둘레를 칠해서 모양을 만들어주는 방법이에요. 두 번째는 글자의 외곽선을 그린 후, 면을 칠하는 방법입니다. 두 가지 방법을 연습하면서 더 편한 방법을 선택하세요.

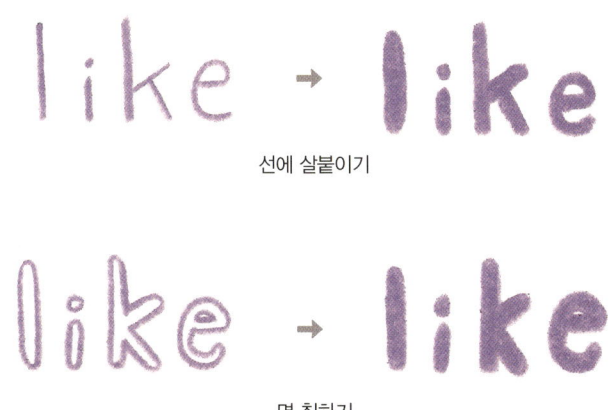

선에 살붙이기

면 칠하기

첫 번째
위로

소소한
물건

# pencil drawing

## 연필 그림

내 일상에 스며든 크고 작은 물건들을 둘러보세요.
커피포트와 작은 머그잔, 몽당연필과 좋아하는 줄무늬 스카프.
손때 묻은 나만의 물건들을 담백하게 그려보세요.

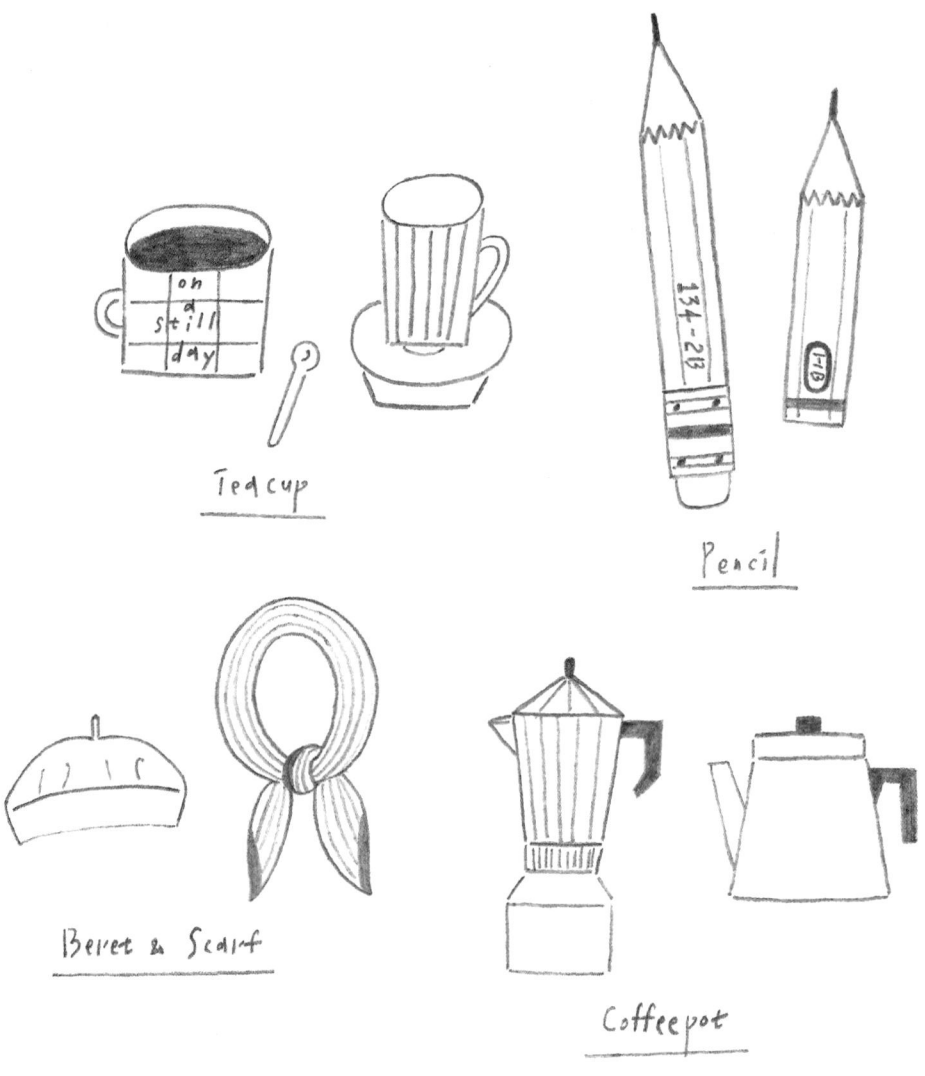

## 머그잔

1

타원형의 컵 입구를 그려주세요.

2

각진 모양의 몸체를 그리고, 작고 둥근 손잡이를 그려주세요.

3

교차가 되게 격자무늬를 그려주세요.

4

영어 on a still day를 차례차례 레터링 해주세요.

5

컵 안쪽에 입구의 외곽선을 따라 커피를 칠해주세요.

6

머리가 동그란 모양의 티스푼을 비스듬히 그려주세요.

## 줄무늬 찻잔

1

타원형의 컵 입구를 그려주세요.

2

아래로 갈수록 좁아지는 모양의 몸체를 그리고, 긴 손잡이를 그려주세요.

3

세로로 줄무늬 패턴을 그려주세요.

4

컵 아래쪽 둘레에 타원형의 컵받침을 그려주세요.

5

컵받침의 아래쪽에 아래로 갈수록 좁아지는 모양의 받침을 그려주세요.

## 연필

1

한쪽 끝부분이 지그재그 모양인 연필 자루를 길게 그려주세요.

2

뾰족한 모양의 나무 부분을 그리고, 그 끝에 연필심을 그려주세요.

3

자루의 끝부분을 나누어 철제 연결 부분을 그려주세요. 그 끝에 둥근 지우개를 그려줍니다.

4

철제 연결 부분을 디테일하게 그려주세요.

5

자루를 세로로 삼등분해서 선을 그려주세요.

6

자루의 끝부분에 134-2B를 레터링 해주세요.

## 몽당연필

1

한쪽 끝부분이 지그재그 모양인 연필 자루를 짧게 그려주세요.

2

뾰족한 모양의 나무 부분을 그리고, 그 끝에 연필심을 그려주세요.

3

자루의 양 가장자리에 세로로 선을 그려주세요.

4

자루 끝부분에 가로로 두꺼운 선을 그려주세요. 그 위쪽에 작은 타원형을 그린 후, HB를 레터링 해주세요.

## 법랑 주전자

1

긴 직사각형의 뚜껑을 그리고, 중앙에 손잡이를 칠해주세요.

2

아래로 갈수록 넓어지는 모양의 몸체를 그려주세요.

3

옆쪽에 긴 주둥이를 그려주세요.

4

각진 모양의 손잡이를 그리고, 면을 칠해주세요.

## 베레모

1

중심에서부터 양쪽으로 둥글게 갈라지는 모양의 모자 윗부분을 그려주세요.

2

아래로 갈수록 좁아지는 모양의 모자 아랫부분을 그려주세요.

3

모자의 윗부분과 아랫부분 사이에 완만한 곡선을 그려서 면을 나누어주세요.

4

윗부분 중앙에 얇은 꼭지를 그려주세요.

5

곡선의 위쪽에 주름을 자연스럽게 그려주세요.

# 스카프

1

아래가 뚫린 둥근 외곽선을 그리고, 안쪽에 작은 선을 하나 더 그려주세요.

2

비워놓은 아래쪽 부분에 둥근 매듭을 그려주세요.

3

매듭 양옆에 아래로 갈수록 좁아지는 모양의 스카프 끝부분을 그려주세요.

4

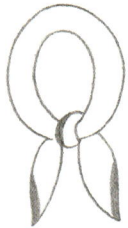

스카프의 끝부분과 매듭의 한쪽 가장자리를 두껍게 칠해주세요.

5

스카프의 외형을 따라 전체에 줄무늬를 그려주세요.

## 커피포트

1

납작한 느낌의 삼각형을 그리고, 끝에 손잡이를 그려주세요.

2

아래로 갈수록 좁아지는 모양의 몸체를 그려주세요.

3

사각형의 몸체 아랫부분을 그려주세요.

4

뚜껑 아래쪽에 삼각형 모양의 주둥이를 그려주세요.

5

뚜껑과 위쪽 몸체에 줄무늬를 그려주세요.

6

옆면에 각진 모양의 손잡이를 그리고, 면을 칠해주세요.

cloth

## 개어놓은 옷

문득 옷장 서랍을 열고 가만히 들여다보면
어느새 또 한 계절이 지나가고 있다는 것을 알게 돼요.
계절별로 다양한 색감과 옷의 형태, 그리고 제각각 다른 원단의 질감을
잘 관찰하면서 세심하게 그려보세요.

 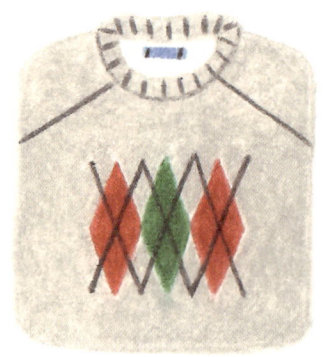 

## 갈색 꽃 블라우스

1

끝이 뾰족한 칼라를 적갈색으로 그리고, 접힌 옷의 외곽선을 갈색으로 그려주세요.

2

한쪽 가슴에 밝은 빨간색으로 하트 모양을 절반 정도만 그려주세요.

3

밝은 주황색으로 하트 모양의 절반을 마저 그려줍니다. 2번의 경계를 섞듯이 부드럽게 덧칠해주세요.

4

2번, 3번 순서로 하트 모양의 꽃잎을 사방으로 그려서 꽃 모양을 완성해주세요.

5

꽃잎의 외곽선을 빨간색으로 덧그리고, 자주색으로 꽃의 중심을 기준으로 꽃잎마다 선을 3개씩 그려주세요.

6

꽃잎과 꽃잎 사이에 초록색으로 작은 나뭇잎을 그려주세요.

7

2~6번 순서로 양쪽 가슴에 일정한 간격으로 꽃을 그려주세요. 가장 아래쪽 꽃은 옷의 외곽선에 맞춰서 절반만 그립니다.

8

칼라의 바탕 면을 적갈색으로 칠한 후, 암갈색으로 칼라 사이에 리본을 그려주세요. 작고 동그랗게 매듭을 그리고, 아래로 처진 모양의 리본을 그려줍니다.

9

꽃과 리본을 피해서 블라우스의 바탕 면을 갈색으로 꼼꼼히 칠해주세요.

# 라운드넥 티셔츠

**사용한 색연필**

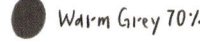 Warm Grey 70%   French Grey 20%

 Grass Green   Crimson Red

 Light Cerulean Blue   Black

**1**

연회색으로 둥근 라운드 넥을 그리고, 접힌 옷의 외곽선을 그려주세요.

**2**

중앙에 세로로 긴 마름모를 초록색으로 그린 후, 양옆에 빨간색 마름모를 그려주세요.

**3**

티셔츠의 바탕 면을 연회색으로 꼼꼼히 칠해주세요.

**4-1**

진회색으로 마름모의 양끝과 사이에 일정한 간격으로 점을 찍어 표시해주세요.

**4-2**

진회색으로 점을 교차로 이어 엑스(X) 모양이 되도록 그려주세요.

**5**

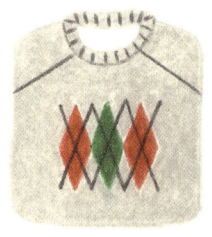

진회색으로 목 부분의 경계를 덧그린 후, 촘촘히 선을 그려넣어 골을 표현해주세요. 그리고 어깨 부분에 절개선을 덧그려 줍니다.

**6**

목 부분의 안쪽 면에 파란색으로 작은 라벨을 그린 후, 양쪽 끝에 검은색으로 박음질 선을 그려주세요.

## 브이넥 니트

**사용한 색연필**

● Cool Grey 50%   ● Ginger Root    Indigo Blue

1

남색으로 브이넥을 두껍게 그리고, 베이지색으로 접힌 옷의 외곽선을 그려주세요.

2

브이넥 부분을 피해서 바탕 면을 베이지색으로 꼼꼼히 칠해줍니다.

3

남색으로 브이넥의 가운데에 선을 그린 후, 가장자리 둘레를 두껍게 칠해주세요.

4

니트의 바탕 면에 회색으로 꽈배기 패턴을 그려줍니다. 브이넥의 뾰족한 부분을 중심으로 각진 모래시계 모양의 선을 그린 후, 양옆에 직선을 그려주세요. 양쪽 옆에도 패턴을 하나씩 더 그려주세요.

5

모래시계 선의 잘록한 부분에 회색으로 사선을 두 개 그려주세요. 그 위아래에 서로 반대방향으로 끊어진 선을 그려서 꽈배기 패턴을 완성해줍니다.

## 스트라이프 셔츠

**사용한 색연필**

 Warm Grey 20%  Cool Grey 50%  True Blue  Blush Pink  Black

1

포개진 모양의 칼라를 연회색으로 그리고, 뒷목과 접힌 옷의 외곽선을 연분홍색으로 그려주세요.

2

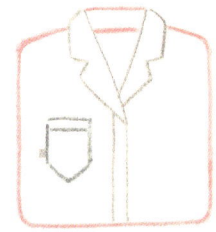

연회색으로 칼라 아래에 평행선을 그려주세요. 그리고 회색으로 아랫부분이 뾰족한 주머니를 그린 후, 옆쪽에 작은 라벨을 그려줍니다.

3

주머니와 안쪽 면을 제외한 바탕 면을 연분홍색으로 꼼꼼히 칠해주세요.

4

셔츠 전체에 파란색으로 일정한 간격의 줄무늬를 그려줍니다. 칼라 부분은 칼라의 각도에 맞춰서 그려주세요.

5

검은색으로 칼라 아래쪽에 일정한 간격으로 단추를 그려주세요. 그리고 안쪽 면에 연회색으로 작은 라벨을 그린 후, 양쪽 끝에 박음질 선을 그려줍니다.

## 테니스 스커트

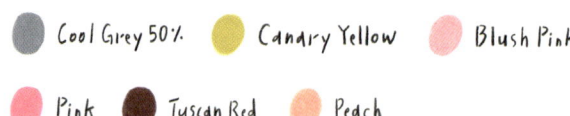

1

살구색으로 허리 부분을 그린 후, 사다리꼴 모양으로 스커트 외곽선을 그려줍니다. 그리고 세로로 주름 선을 그려주세요.

2

외곽선을 피해서 바탕 면을 살구색으로 칠해줍니다. 허리 부분은 가로로, 치마는 세로 방향으로 칠해주세요.

3

회색으로 주름 선을 덧그리고, 살구색으로 주름의 아래쪽 둘레를 진하게 덧그려서 모양을 정리해주세요.

4

분홍색으로 허리 부분의 외곽선을 덧그려주세요. 그리고 한쪽 가장자리에 더 좁게 포개진 모양을 그린 후, 적갈색으로 단추를 그려줍니다.

5

연분홍색으로 허리 부분과 주름에 일정한 간격의 줄무늬를 그려줍니다. 허리는 세로, 주름은 가로로 두껍게 칠해주세요. 주름 부분은 한 번에 긋지 말고 각 주름마다 따로 칠해주세요.

6

5번에 겹쳐서 노란색으로 체크 패턴을 그려줍니다. 허리는 가로, 주름은 세로로 길고 교차되게 그려주세요.

## 헬로 티셔츠

사용한 색연필

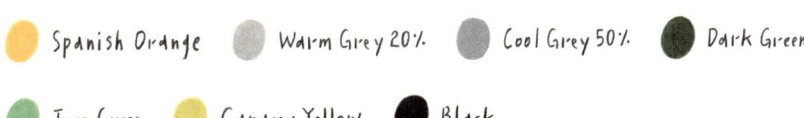

1

초록색으로 둥근 라운드넥을 그리고, 접힌 옷의 외곽선을 그려주세요.

2

노란색으로 영어 Hello를 크게 레터링 해줍니다. 그리고 레터링 아래쪽에 연주 황색으로 굵은 선을 그려주세요.

3

티셔츠의 바탕 면을 초록색으로 꼼꼼히 칠해주세요.

4

암녹색으로 목 부분의 둘레에 선을 촘촘히 그려 골을 표현해주세요. 그리고 목 아래쪽에 엑스(X) 모양을 그려주세요.

5

어깨 부분에 회색으로 사선의 절개선을 그려주세요. 그리고 안쪽 면에 연회색으로 작은 라벨을 그린 후, 검은색으로 양쪽 끝에 박음실 선을 그려줍니다.

# matchbox

## 성냥갑

성냥을 떠올리면 옛 추억의 아련함과 동시에 마음이 따뜻해집니다.
무엇이든 손만 까딱하면 얻을 수 있는 요즘,
나만의 성냥갑을 그리면서 레트로의 낭만을 느껴보는 것은 어떨까요.

## 밤하늘 성냥갑

### 사용한 색연필

1

성냥 뚜껑을 그려줍니다. 회색으로 긴 직사각형의 옆면을 그린 후, 위쪽에 진회색으로 윗면을 그려주세요.

2

옆면의 위아래 가장자리를 회색으로 두껍게 칠해주세요.

3

옆면의 가운데 바탕 면을 적갈색으로 칠해주세요.

4

윗면의 1/4 정도 되는 지점에 진회색으로 직선을 그려주세요. 그 위쪽에 두 갈래로 갈라진 모양의 구름을 연회색으로 그려줍니다.

5

구름에 가려진 모양의 보름달을 진노란색으로 그려주세요. 그리고 위쪽에 달에 가려진 작은 구름을 연회색으로 그려줍니다.

6

큰 별을 그려줍니다. 진노란색으로 위가 더 짧은 십자 모양을 두껍게 그린 후, 엑스(X) 모양을 겹쳐 그려주세요.

7

진노란색으로 동그란 별과 십자 모양의 별을 빈 부분에 나누어 그려주세요.

8

나머지 빈 부분에 연분홍색으로 여러 모양의 별을 나누어 그려주세요.

9

진회색으로 비워둔 아랫부분을 제외한 윗면의 바탕 면을 꼼꼼히 칠해주세요.

10

아랫부분에 회색으로 영어 LONELY NIGHT를 넓게 레터링 해주세요.

11

밀어서 꺼내는 성냥 상자를 회색으로 그려줍니다. 뚜껑보다 살짝 안쪽으로 직사각형을 그린 후, 뚜껑의 옆면보다 살짝 위쪽에 직선을 그려주세요.

12

진황색으로 상자 안쪽에 간격을 두고 성냥 대를 그려주세요.

13

성냥 끝에 파란색으로 타원형의 인을 그려주세요.

## 플라밍고 성냥갑

**사용한 색연필**

● Parrot Green   ● Parma Violet   ● Goldenrod   ● Warm Grey 20%
● Carmine Red   ● Pink   ● Black   ● Tuscan Red   ● Cool Grey 50%

1

성냥 뚜껑을 그려줍니다. 회색으로 직사각형을 그린 후, 1/4 지점에 직선을 그려서 윗면과 옆면을 나누어주세요.

2

회색으로 옆면의 위아래 가장자리를 두껍게 칠해주세요.

3

옆면의 가운데 바탕 면을 적갈색으로 칠해주세요.

4-1

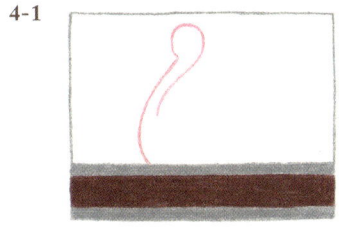

분홍색으로 플라밍고를 그려주세요. 작고 동그란 머리를 그리고, 머리보다 더 앞으로 휘어진 가는 목을 그려주세요.

**4-2**

분홍색으로 목선에 이어 등을 둥글게 그리면서 좁아지는 꼬리 부분을 그려주세요. 그리고 회색으로 아래로 뾰족하게 휘어지는 부리를 그려줍니다.

**5**

플라밍고의 바탕 면을 분홍색으로 칠하고, 검은색으로 부리의 절반 정도를 칠해주세요. 부리의 검은색 부분은 좀 더 볼륨감 있게 그리고 안쪽 끝을 뾰족하게 그려주는 것이 포인트입니다.

**6**

검은색으로 눈을 동그랗게 그려주고, 짧게 눈썹을 그려주세요. 그리고 빨간색으로 두 갈래로 갈라지는 모양의 날개 선을 두껍게 그려줍니다.

**7**

플라밍고의 꼬리 쪽에 청록색으로 두꺼운 줄기를 비스듬히 그려주세요.

**8**

청록색으로 줄기 양옆에 아래로 갈수록 넓어지는 모양으로 둥근 잎을 그려줍니다.

**9**

청록색으로 플라밍고의 양옆에 얇은 줄기를 비스듬히 그린 후, 그 끝과 양옆에 타원형의 잎을 그려주세요.

10

청록색으로 빈 부분에 긴 타원형의 잎과 구불구불한 모양의 잎을 그려주세요.

11

윗면을 네 등분하여 연회색으로 선을 그린 후, 한 번 더 절반씩 나누어주세요.

12

연회색으로 11번과 교차되게 가로로 네 등분을 하여 격자무늬를 그려주세요. 그리고 보라색으로 영어 flamingo를 넓게 레터링 해주세요.

13

회색으로 밀어서 꺼내는 성냥 상자를 그려줍니다. 뚜껑보다 살짝 안쪽으로 직사각형을 그린 후, 뚜껑의 옆면보다 살짝 위쪽에 직선을 그려주세요.

14

진황색으로 상자 안쪽에 간격을 두고 성냥 대를 그려주세요.

15

성냥 끝에 분홍색으로 타원형의 인을 그려주세요.

# small things

## 작은 물건들

연필꽂이에 꽂혀 있는 연필과 색연필, 서랍 한편에 있는 빛바랜 카세트테이프, 항상 차고 다니는 손목시계.
우리 주변에는 숨처럼 늘 함께하는 작은 물건들이 많아요.
늘 존재하던 것들이라 무심코 지나쳤던 물건들을 유심히 관찰하고 그려보세요.

## 연필

**사용한 오일 파스텔**

 Yellow Orange   Black
● Rose Madder
○ Pale Brown

**사용한 색연필**

 Orange  ● Black
○ White

**1**

밝은 주황색 오일 파스텔로 연필 자루를 길게 그려주세요. 한쪽 끝부분은 지그재그로 그려서 깎인 모양을 표현해줍니다.

**2**

베이지색 오일 파스텔로 끝이 뾰족한 모양의 나무 부분을 그려주세요. 반대쪽 끝에 간격을 두고 진분홍색 오일 파스텔로 지우개를 그려줍니다.

**3**

검은색 오일 파스텔로 자루와 지우개 사이 부분을 칠해주세요. 그리고 흰색 색연필로 양끝을 세 번씩 긁은 후, 각 두 번째 선 위를 동그랗게 긁어주세요.

**4**

주황색 색연필로 지그재그로 깎인 부분을 깔끔하게 덧그려주세요. 그리고 자루를 삼등분해 직선을 그어 면을 나누어줍니다.

**5**

검은색 색연필로 연필심을 그려주고, 지우개 쪽에 더 가깝도록 영어 yellow pencil 134-2B를 레터링 해줍니다.

## 색연필

**사용한 오일 파스텔**

 Blue  ○ Pale Brown

**사용한 색연필**

● Black  ○ White

**1**

베이지색 오일 파스텔로 끝이 뾰족한 나무 부분을 그려주고, 넓은 쪽은 지그재그로 그려주세요.

**2**

파란색 오일 파스텔로 자루와 심을 그려줍니다. 나무와 닿는 부분은 지그재그로 그려서 깎인 모양을 표현해주세요.

**3**

흰색 색연필로 자루를 삼등분하여 직선을 길게 긁고, 자루 끝부분은 교차되게 긁어줍니다.

**4**

검은색 색연필로 자루 끝에 더 가깝도록 영어 aquarell을 레터링 해줍니다.

## 은색 열쇠

**사용한 오일 파스텔**

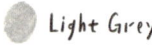 Light Grey

**사용한 색연필**

| 1 | 2 | 3 |
|---|---|---|
|  |  |  |
| 연회색 오일 파스텔로 타원형의 열쇠 손잡이를 그리고, 윗부분의 가운데에 고리 구멍을 그려줍니다. 구멍 안쪽 부분은 조금 튀어나와도 괜찮아요. | 연회색 오일 파스텔로 손잡이 아래에 열쇠 몸통을 길게 그려줍니다. 한쪽 외곽은 불규칙하게 울퉁불퉁한 모양으로 그리고, 끝부분은 뾰족하게 마무리해주세요. | 연회색 오일 파스텔로 손잡이 바로 아래에 몸통의 양옆으로 돌기를 그려주세요. |

| 4 | 5 | 6 |
|---|---|---|
|  |  |  |
| 진회색 색연필로 손잡이의 외형을 따라 가장자리에 둥근 선을 그려주세요. 구멍 아랫부분만 반대방향으로 동그랗게 파이도록 그려줍니다. | 진회색 색연필로 몸통의 울퉁불퉁한 외곽선을 깔끔하게 덧그려줍니다. 그리고 한쪽 돌기와 몸통의 가운데에 두꺼운 선을 그려서 홈을 표현해주세요. | 흰색 색연필로 구멍 안쪽을 동그랗게 긁어서 튀어나온 부분을 정리하고, 검은색 색연필로 손잡이 면에 영어 KEY ROOM-05를 레터링 해주세요. |

## 금색 열쇠

**사용한 오일 파스텔**
- Grey
- Yellow Ocher

**사용한 색연필**
- Black
- Sienna Brown
- White

**1**

밝은 황토색 오일 파스텔로 직사각형 고리 구멍이 있는 사각형의 손잡이를 그려줍니다. 그리고 아래쪽에 작은 직사각형을 하나 더 붙여 그려주세요.

**2**

밝은 황토색 오일 파스텔로 작은 직사각형의 한쪽 끝에서 가운데 정도까지만 몸통 부분을 길게 그리고, 끝부분은 뾰족하게 마무리해주세요.

**3**

밝은 황토색 오일 파스텔로 몸통의 한쪽 외곽을 불규칙하게 울퉁불퉁한 모양으로 그려주세요.

**4**

흰색 색연필로 손잡이의 가장자리 둘레에 모서리가 납작한 선을 긋어주세요.

**5**

고리와 몸통의 울퉁불퉁한 쪽 외곽선을 갈색 색연필로 깔끔하게 덧그려주세요.

**6**

갈색 색연필로 몸통 부분에 두꺼운 선을 그려서 홈을 표현해줍니다. 먼저 울퉁불퉁한 쪽에 붙여서 선을 그리고, 그 양쪽으로 하나씩 더 그려주세요.

**7**

검은색 색연필로 손잡이 면에 works 015를 레터링 해주세요.

**8**

회색 오일 파스텔로 구멍에 걸쳐서 둥근 고리를 비스듬히 그려줍니다.

## 손목시계

사용한 오일 파스텔

 White   Ocher   Light Grey

사용한 색연필

 Warm Grey 50%   Cool Grey 50%   Black   White

1

연회색 오일 파스텔로 두꺼운 시계 프레임을 동그랗게 그리고, 위아래에 돌기를 그려줍니다. 그리고 흰색 오일 파스텔로 프레임 안쪽 면을 칠해줍니다. 번지지 않게 주의해서 칠해주세요.

**TIP** 흰색 그림에 색연필로 레터링 할 때, 바탕을 칠하지 않고 종이에 바로 써도 괜찮아요. 하지만 흰색 오일 파스텔을 칠한 후에 쓰면 좀 더 디테일한 질감을 살릴 수 있어요.

2

황토색 오일 파스텔로 위아래 돌기 사이에 직사각형 모양의 스트랩을 짧게 그려줍니다.

3

검은색 색연필로 시간 구분 선을 일정한 간격으로 그려주세요. 그리고 시침과 분침을 그린 후, 진회색으로 아래쪽에 영어 daily를 레터링 해줍니다.

4

프레임의 옆쪽 중앙에 작은 부품을 회색 색연필로 그려줍니다. 그리고 흰색 색연필로 스트랩의 양쪽 가장자리, 돌기와 시계 프레임의 경계를 긋어주세요.

# 스트링 파우치

사용한 오일 파스텔

 Pale Blue     Pale Green

사용한 색연필

 Yellowed Orange     Orange    ○ White
 Light Aqua    ● Light Cerulean Blue

**1**

옅은 초록색 오일 파스텔로 파우치의 입구 쪽을 물결 모양으로 그려주세요. 그 아래에 스트링 통로를 좁게 그려줍니다.

**2**

아래로 갈수록 넓어지는 복주머니 모양으로 몸통을 그려줍니다. 가운데에서 약간 아래쪽에 영어 merci 레터링 자리를 비워두고 바탕 면을 옅은 초록색 오일 파스텔로 칠해주세요. 레터링의 외곽선은 깔끔하지 않아도 괜찮아요.

**3**

밝은 주황색 색연필로 영어 레터링의 바탕 면을 칠해주세요. 그리고 주황색 색연필로 외곽선을 덧그려 깔끔하게 정리해주세요.

**4**

밝은 청록색 색연필로 입구의 외곽선을 덧그려주고, 물결 모양을 따라 아래쪽으로 주름을 그려주세요. 스트링 통로는 더 촘촘히 주름을 그려줍니다.

**5**

파란색 색연필로 파우치의 외형을 따라 아래로 갈수록 넓어지는 모양의 격자 패턴을 그려줍니다. 가운데에 선을 그리고, 그 선을 중심으로 양쪽으로 두 줄씩 더 그려주세요.

**6**

하늘색 오일 파스텔로 스트링 통로 끝에서부터 아래로 길게 휘어진 스트링을 그려주세요. 끝부분은 타원형의 매듭을 그린 후, 시디리꼴 모양으로 수술을 그려줍니다.

**7**

흰색 색연필로 스트링에 일정한 간격으로 사선을 긋어 꼬인 느낌을 표현해주세요. 매듭의 가운데를 사선으로 긋어 묶인 느낌을 주고, 수술을 여러 번 긋어 가닥을 표현해줍니다.

# 카세트 테이프

사용한 오일 파스텔

● Pale Blue    ● Orchid Pink    ● Black    ● Light Grey    ● Pale Brown

사용한 색연필

● Warm Grey 50%    ● Cool Grey 50%    ● Canary Yellow    ● Orange
● Pink    ● Black    ○ White

1

연분홍색 오일 파스텔로 직사각형의 테이프 외곽선을 두껍게 그려줍니다. 아래쪽 면은 넓게 칠해주세요.

2

가운데에 긴 타원형을 그린 후, 중앙에는 직사각형, 양옆은 원형을 비워두고 연분홍색 오일 파스텔로 칠해주세요.

3

베이지색 오일 파스텔로 안쪽 면을 칠해줍니다. 위쪽에서부터 타원형까지 칠한 후, 간격을 두고 두꺼운 선을 칠해주세요.

4

하늘색 오일 파스텔로 나머지 바탕 면을 칠해주세요.

5

흰색 색연필로 테이프의 안쪽 선을 긁어내 깔끔하게 정리해주세요.

6

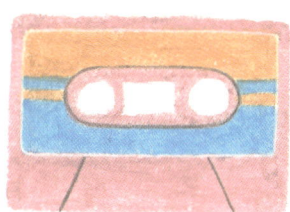

진회색 색연필로 긴 타원형의 외곽선을 덧그려줍니다. 그리고 아래쪽 넓은 면에 서로 마주보는 사선을 두 개 그려주세요.

7

테이프의 모서리와 사선 중앙에 작은 원형을 그린 후, 중앙에 검은색 색연필로 점을 찍듯이 나사를 그려줍니다. 그리고 사선 사이에 작은 사각형과 원형 구멍을 그려주세요.

8

진회색 색연필로 비워둔 원형의 외곽선을 덧그려줍니다. 그 안쪽 가장자리에 회색 색연필로 더 작은 원형을 그린 후, 톱니바퀴 모양을 그려주세요.

9

진회색 색연필로 비워둔 직사각형의 외곽선을 덧그려줍니다. 안쪽에 검은색 오일 파스텔로 둥근 테이프를 칠한 후, 검은색 색연필로 정리해주세요. 간격을 두고 연회색 오일 파스텔로 둥근 선을 그려줍니다.

10

분홍색 색연필로 위쪽에 영어 ALOHA!를 크게 레터링 하고, 노란색 색연필로 두꺼운 밑줄을 그려주세요. 옆쪽에 검은색 색연필로 작게 영어 side를 레터링 하고, 그 아래에 주황색 색연필로 크게 'A'를 레터링 해주세요.

# hobby

## 취미

취미는 높낮이 없는 일상 속에서 비타민 같은 역할을 하는 것 같아요.
제 취미는 그림 그리기와 자수 놓기인데요.
좋아하는 것을 할 때 가장 큰 시너지와 행복감을 느낄 수 있어요.
취미와 관련된 도구들을 그리면서 또 다른 만족감을 느껴보세요.

## 기타

**사용한 색연필**

- Goldenrod
- Dark Brown
- Sienna Brown
- Cool Grey 50%
- Warm Grey 50%
- Warm Grey 20%

**1**

진황색으로 가운데가 잘록하고 아래쪽이 더 넓은 모양의 몸통을 그려줍니다. 그리고 암갈색으로 잘록한 부분에 원형을 그려주세요.

**2**

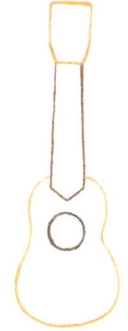

갈색으로 위로 갈수록 좁아지는 모양의 목을 길게 그려주세요. 그 끝에 진황색으로 각진 머리를 그려줍니다.

**3**

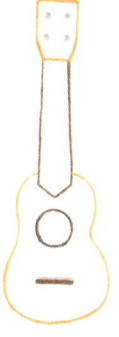

몸통 아래쪽에 갈색과 연회색으로 두꺼운 선을 붙여 그려주세요. 그리고 머리에 연회색으로 작은 동그라미 4개를 그려줍니다.

**4**

회색으로 머리의 나사에서 몸통까지 기타 줄을 그려줍니다. 먼저 아래쪽 나사에서 몸통까지 직선을 그려주세요. 그리고 위쪽 나사에서 목의 경계까지 안쪽으로 사선을 그린 후, 몸통까지 직선을 그려줍니다.

**5**

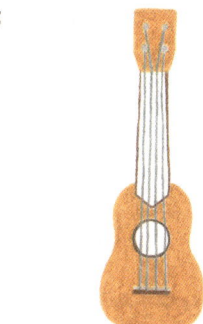

진황색으로 몸통과 머리의 바탕 면을 꼼꼼히 칠해주세요.

**6**

암갈색으로 몸통의 원형 바탕 면을 기타 줄은 피해서 꼼꼼히 칠해주세요.

**7**

갈색으로 목의 바탕 면을 꼼꼼히 칠해주고, 진회색으로 나사의 외곽선을 덧그려주세요.

**8**

머리의 나사 위치에 맞춰서 외곽에도 나사를 그려줍니다 연회색으로 짧은 돌기를 그린 후, 회색으로 손잡이를 그려주세요.

# 롤러스케이트

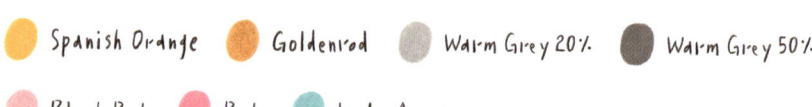

사용한 색연필
- Spanish Orange
- Goldenrod
- Warm Grey 20%
- Warm Grey 50%
- Blush Pink
- Pink
- Light Aqua

**1**
목이 긴 장화의 외곽선을 연분홍색으로 그려줍니다. 혀 부분을 튀어나오게 그리고, 앞코보다 뒤꿈치 쪽을 더 짧게 그려주세요.

**2**
뒤꿈치보다 조금 뒤쪽에서부터 진황색으로 직사각형 굽을 그려주세요. 그리고 중간 정도까지 사선을 그린 후, 앞코까지 평평한 밑창을 그려줍니다.

**3**
혀 부분에서부터 스케이트화의 외형을 따라 분홍색으로 선을 그려주세요. 그리고 혀를 제외한 바탕 면을 연분홍색으로 칠해주세요.

**4**
진회색으로 끈 구멍을 일정한 간격으로 그려줍니다. 위에서부터 누운 사다리꼴을 세 개 그리고, 동그란 구멍을 그려주세요. 분홍색으로 구멍을 중심으로 3번과 같은 모양의 곡선을 그려주세요.

5

연주황색으로 혀의 외곽에서 구멍으로 지그재그 모양의 끈을 그려주세요.

6

연분홍색으로 혀의 바탕 면을 칠하고, 연주황색으로 끈 끝에 처진 모양의 리본을 그려주세요.

7

연회색으로 굽 밑에 평평한 철판을 그리고, 앞코 쪽에서 아래로 각이 지게 그려주세요. 그 끝에 진회색으로 기울어진 사다리꼴의 브레이크를 그려줍니다.

8

철판 아래에 다리 모양으로 완만한 선을 그려줍니다. 그리고 분홍색으로 바퀴 외곽선을 그린 후, 밝은 청록색으로 더 작은 원형을 그려주세요.

9

연회색으로 다리 모양의 바탕 면을 칠해주세요. 그리고 진회색으로 철판 아래에 선을 덧그려 면을 나누어주세요.

10

바퀴의 바탕 면은 분홍색으로, 안쪽 원은 밝은 청록색으로 칠해주세요.

# 카메라

1

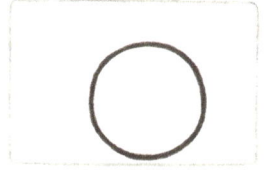

연회색으로 직사각형의 카메라 외곽선을 그려주세요. 그리고 중앙에서 조금 벗어난 위치에 진회색으로 원형의 렌즈 프레임을 그려줍니다.

2

1번 안쪽에 조금 더 두꺼운 연회색 프레임을 그려주세요. 그 안쪽으로 두 배 정도 더 두껍게 진회색 프레임을 칠해주세요.

3

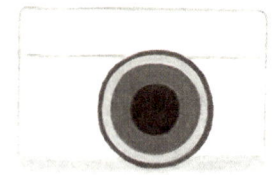

프레임 가장 안쪽에 검은색으로 렌즈를 칠해주세요. 그리고 연회색으로 프레임 위쪽에 선을 그려주고 아래쪽을 두껍게 칠해줍니다.

4

위쪽에 진회색으로 뷰파인더 창을 그려주세요. 긴 직사각형을 그린 후, 안쪽에 더 작은 직사각형을 그려주세요.

5

안쪽 직사각형의 절반을 검은색으로 칠해주세요. 나머지 절반에 더 작은 검은색 직사각형을 그리고, 바탕 면을 진회색으로 칠해주세요.

6

프레임 옆에 연회색으로 느낌표 모양의 레버를 그려주세요. 그리고 진회색으로 디테일한 선을 덧그려줍니다.

7

위쪽의 빈 가장자리에 직사각형의 플래시 외곽선을 그려주세요. 그리고 연회색으로 플래시를 제외한 바탕 면을 칠해줍니다.

8

카메라의 바탕 면을 자주색으로 꼼꼼히 칠해주세요.

9

조작 장치들을 그려줍니다. 플래시 위쪽에 연회색으로 층계 모양의 다이얼을 그린 후, 진회색으로 외곽선을 덧그려주세요.

10

진회색으로 다이얼의 아래층에 촘촘히 선을 그리고, 위에 더 작은 층계를 하나 더 칠해주세요.

11

연회색으로 뷰파인더 창 위쪽에 누운 디귿자 모양을 그린 후, 진회색으로 외곽선을 덧그려주세요. 그리고 가운데를 납작하게 칠해주세요.

12

연회색으로 11번과 간격을 두고 모서리가 납작한 버튼을 그려주세요. 그리고 진회색으로 외곽선과 모서리를 덧그려 면을 나누어주세요.

# candle and holder

## 캔들과 홀더

가벼운 숨에도 일렁이는 초의 불꽃을 가만히 들여다보는 것을 좋아해요.
그리고 무엇보다 초를 그리는 것을 가장 좋아해요.
초를 그리고 심지 끝에 촛불을 그리면
무언가 완성되었다는 마음과 함께 포근한 기분이 들어요.

## 노란 캔들

사용한 오일 파스텔

사용한 색연필

**1**

연노란색 오일 파스텔로 원기둥 모양의 캔들을 그려주세요. 그리고 흰색 색연필로 윗면의 둘레를 둥글게 긁어 면을 나누어주세요.

**2**

캔들의 아래쪽에 자주색 색연필로 영어 little을 레터링 해주세요.

**3**

윗면의 중앙에 회색 색연필로 심지 선을 그려주고, 주황색 오일 파스텔로 타원형의 속불꽃을 그려주세요.

**4**

빨간색 오일 파스텔로 끝이 뾰족한 모양의 겉불꽃을 크게 칠해주세요. 속불꽃의 가장자리를 덧칠하면서 모양을 정리해주세요.

5

캔들 아래쪽 둘레에 연회색 오일 파스텔로 넓은 타원형의 홀더를 칠해주세요.

6

연회색 오일 파스텔로 홀더 아래쪽에 받침을 그리고, 옆쪽에 손잡이를 그려주세요.

7

흰색 색연필로 캔들 아래쪽의 홀더 면에 완만한 곡선을 긁어주고, 받침과 손잡이의 경계선을 긁어주세요.

8

홀더의 둘레 중앙에 연보라색 색연필로 잎이 여섯 개인 꽃을 그려주세요. 그리고 보라색 색연필로 꽃잎 안쪽에 선을 덧그려주세요.

9

암녹색 색연필로 꽃의 양옆에 잎을 그려줍니다. 짧은 줄기를 그린 후, 양옆에 타원형의 잎을 그려주세요.

10

8번, 9번 순서로 홀더의 둘레에 꽃과 잎을 번갈아가며 그려주세요.

## 분홍 캔들

사용한 오일 파스텔

사용한 색연필

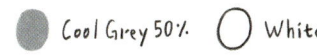

1

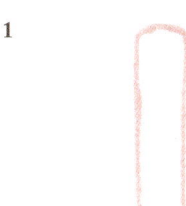

긴 원기둥 모양의 캔들 외곽선을 연분홍색 오일 파스텔로 그려주세요.

2

연분홍색 오일 파스텔로 둥근 윗면 둘레에 두 군데로 나누어 촛농을 그려줍니다. 한쪽은 둘레에만 둥글게 그리고, 한쪽은 캔들 외곽으로 흘러내린 물방울 모양을 그려주세요.

3

흰색 오일 파스텔로 촛농을 섞듯이 문질러 덧칠해주세요.

4

연분홍색 오일 파스텔로 캔들의 바탕 면을 칠해주고, 밑부분은 둥글게 정리해주세요.

5

흰색 색연필로 캔들의 윗면과 촛농의 외곽선을 긁어 형태를 정리해주세요.

6

윗면의 중앙에 회색 색연필로 심지 선을 그려주고, 주황색 오일 파스텔로 타원형의 속불꽃을 칠해주세요.

7

빨간색 오일 파스텔로 끝이 뾰족한 모양의 겉불꽃을 크게 칠해주세요. 속불꽃의 가장자리를 덧칠하면서 형태를 정리해주세요.

8

캔들 아래에 밝은 남색 오일 파스텔로 타원형 모양의 홀더 입구를 칠해주세요.

9

밝은 남색 오일 파스텔로 홀더 입구 아래에 볼록한 모양의 몸체를 그려주세요.

10

밝은 남색 오일 파스텔로 몸체 아래에 대를 그려주세요. 영어 대문자 'I'가 두 번 겹쳐진 모양으로 허리가 잘록하게 그려주세요.

11

밝은 남색 오일 파스텔로 홀더 대 아래에 반원형의 받침대를 그려주세요.

12

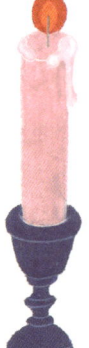

홀더의 외형을 따라 입구와 대의 경계선을 흰색 색연필로 긋어 면을 나누어주세요.

## Thank you 캔들

#### 사용한 오일 파스텔

 Red   Pale Blue  Orange  Pale Orange Light  Pale Green

#### 사용한 색연필

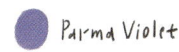 Parma Violet   Cool Grey 50%   Ultramarine  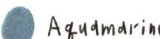 Aquamarine

White

**1**

옅은 초록색 오일 파스텔로 라벨을 그려줍니다. 직사각형의 띠를 그린 후, 위아래 중앙에 볼록한 모양의 층을 삼단으로 그려주세요.

**2**

연살구색 오일 파스텔로 라벨의 위아래에 둥근 기둥 모양의 캔들을 그려주세요.

**3**

청록색 색연필로 라벨의 위아래 가장자리에 외형을 따라 선을 그려주세요.

**4**

라벨의 중앙에 군청색 색연필로 영어 THANK YOU를 레터링 해줍니다.

**5**

캔들 윗면의 둘레를 흰색 색연필로 둥글게 긁어주세요. 그리고 중앙에 회색 색연필로 심지 선을 그린 후, 주황색 오일 파스텔로 타원형의 속불꽃을 칠해주세요.

**6**

빨간색 오일 파스텔로 끝이 뾰족한 모양의 겉불꽃을 크게 칠해주세요. 속불꽃의 가장자리를 덧칠하면서 모양을 정리해주세요.

7

하늘색 오일 파스텔로 캔들 홀더의 외곽선을 그려줍니다. 오목한 그릇 모양을 그리고, 입구는 볼록볼록한 모양으로 그려주세요.

8

하늘색 오일 파스텔로 홀더의 바탕 면을 칠해주고, 홀더 아래에 영어 대문자 'I' 모양의 대를 그려주세요.

9

하늘색 오일 파스텔로 홀더 대 아래에 반원형의 받침대를 그려주세요.

10

흰색 색연필로 홀더 입구의 볼록한 선을 굵어주세요. 그리고 홀더 대의 외형을 따라 경계선을 굵어 면을 나누어 주세요.

11

흰색 색연필로 입구의 볼록볼록한 선을 기준으로 아래쪽으로 곡선을 굵어주고, 안쪽 면도 굵어주세요. 그리고 보라색 색연필로 입구 외곽선을 덧칠해주세요.

## 성냥

**사용한 오일 파스텔**

 Yellow Ocher

**사용한 색연필**

 Black  White  Lilac

1

밝은 황토색 오일 파스텔로 하나는 길고 하나는 짧은 성냥 대를 비스듬히 그려주세요. 그리고 대 중앙을 흰색 색연필로 긁어 면을 나누어주세요.

2

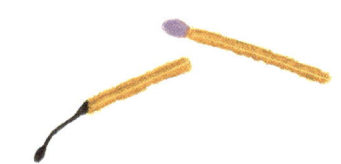

긴 성냥 끝에 연보라색 색연필로 타원형의 인을 그려주세요. 그리고 짧은 성냥 끝에 검은색 색연필로 아래로 구부러진 모양을 가늘게 그려서 태운 성냥을 표현해주세요.

# cup

## 컵

바쁜 일상에서 잠시 숨을 돌릴 때, 오랜만에 반가운 사람을 만날 때 차 한 잔과 함께하죠.
낮고 둥근 찻잔이나 높고 넉넉한 머그잔에 패턴을 그려보세요.
나만의 글씨체로 레터링을 곁들이면 더 귀여운 디자인이 된답니다.

# Bye Bye 컵

**사용한 색연필**

- Cool Grey 20%
- Copenhagen Blue
- Black
- Sand

1

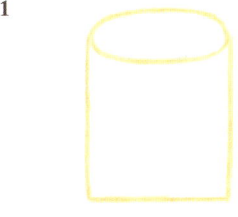

베이지색으로 타원형의 입구를 그리고, 각진 모양의 컵 외곽선을 그려주세요.

2

베이지색으로 아래로 갈수록 좁아지는 모양의 둥근 손잡이와 컵받침을 그려주세요.

3

컵의 한쪽 가장자리에 파란색으로 하트 모양 잎을 그리고, 안쪽으로 휜 줄기를 길게 그려주세요.

4

파란색으로 줄기 양쪽으로 비스듬한 하트 모양 잎을 나란히 그려주세요.

5

3번, 4번 순서로 반대쪽 가장자리에도 대칭되게 그려주세요.

6

컵의 안쪽 면을 제외하고 바탕 면을 베이지색으로 꼼꼼히 칠해주세요.

7

컵 중앙에 검은색으로 영어 bye bye my blue를 한 단어씩 아래로 레터링 해주세요. 그리고 연회색으로 컵받침의 경계선을 덧그려주세요.

## 체리 컵

**사용한 색연필**

 Peacock Blue

● Pink  ● Black

● Carmine Red

● Peach  ● True Green

1

살구색으로 타원형의 입구를 그리고, 각진 모양의 컵 외곽선을 그려주세요.

2

둥근 손잡이와 컵받침을 살구색으로 그려주세요.

3

파란색으로 컵의 위쪽에 두꺼운 선을 칠해주세요. 그리고 아래쪽에 두께가 다른 두 개의 선을 그려주세요.

4

중앙에 빨간색으로 체리 두 개를 동그랗게 그려줍니다. 그리고 초록색으로 이어진 꼭지를 그린 후, 타원형의 잎을 그려주세요.

5

4번과 동일하게 양옆에 체리를 하나씩 더 그려주세요.

6

컵의 안쪽 면을 제외하고 바탕 면을 살구색으로 꼼꼼히 칠해주세요.

7

체리 아래쪽에 검은색으로 영어 I Like를 레터링 해주세요. 그리고 분홍색으로 컵받침의 경계선을 덧그려주세요.

8

컵 입구 둘레를 분홍색으로 덧그리고 안쪽 면에 살구색으로 격자 패턴을 그려주세요.

## 바나나 컵

1

파란색으로 타원형의 입구를 그리고, 둥근 모양의 컵 외곽선을 그려주세요.

2

파란색으로 아래로 갈수록 좁아지는 모양의 손잡이와 잘록한 컵받침을 그려주세요.

3

입구 아래에 노란색으로 바나나를 그려줍니다. 'T' 모양의 꼭지를 그린 후, 사선으로 누운 몸통을 그려주세요. 그리고 파란색으로 외곽선을 그려주세요.

4

파란색으로 컵의 안쪽 면을 제외한 바탕면을 꼼꼼히 칠해주세요.

5

밝은 파란색으로 안쪽 면에 일정한 간격으로 줄무늬를 그려주세요. 그리고 바탕면을 연하늘색으로 칠해주세요.

6

안쪽 면에 검은색으로 영어 good day를 레터링 해주세요. 그리고 진파란색으로 컵받침의 경계선을 덧그려주세요.

## 보라색 꽃 컵

**사용한 색연필**

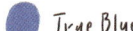

- Spanish Orange
- True Blue
- Parrot Green
- Dark Green
- Imperial Violet
- Violet
- Lilac
- Cool Grey 50%
- Cool Grey 20%

**1**

파란색으로 타원형의 입구를 그리고, 회색으로 아래가 둥근 모양의 컵 외곽선을 그려주세요.

**2**

연회색으로 둥근 손잡이와 컵받침을 그려주세요.

**3**

컵 중앙에 연주황색으로 동그란 모양의 꽃 수술을 칠한 후, 연보라색으로 네 개의 꽃잎을 그려주세요.

**4**

꽃잎의 바탕 면을 연보라색으로 칠하고, 남보라색으로 외곽선을 덧그려주세요.

**5**

보라색으로 꽃잎당 세 줄씩 선을 그려주세요. 그리고 컵의 외곽선에 맞춰서 양 가장자리에 꽃의 절반을 그려주세요.

**6**

꽃과 꽃 사이에 청록색으로 볼록볼록한 잎을 이어 그려주세요.

**7**

잎의 바탕 면을 청록색으로 칠하고, 암녹색으로 외곽선과 잎맥을 덧그려주세요.

**8**

컵 입구와 컵받침을 파란색으로 두껍게 칠해주세요.

**9**

컵의 바탕 면과 손잡이를 연회색으로 꼼꼼히 칠해주고, 컵과 손잡이의 경계선을 회색으로 덧그려주세요.

## 파란 장미 컵

**사용한 색연필**

1

레몬색으로 타원형의 입구를 그리고, 각진 모양의 컵 외곽선을 그려주세요.

2

레몬색으로 각진 모양의 손잡이와 컵받침을 그려주세요.

3

밝은 파란색으로 네 장의 넓적한 꽃잎을 그려주세요.

4

꽃의 바탕 면을 밝은 파란색으로 칠하고, 파란색으로 꽃잎의 외곽선을 덧그려주세요.

5

4번의 안쪽에 파란색으로 작은 꽃잎을 세 개 그려주세요.

6

5번의 안쪽에 파란색으로 더 작은 꽃잎을 두 개 그려주세요.

**7**

파란색으로 가장 안쪽에 봉오리를 동그랗게 그리고, 중앙에 사선을 그려주세요. 그리고 꽃잎 면을 레몬색으로 강약을 조절하며 은은하게 덧칠해주세요.

**8**

꽃잎 사이에 초록색으로 뾰족뾰족한 모양의 작은 잎을 그려주세요.

**9**

컵의 양쪽 외곽선에 맞춰서 4번, 8번 순서로 꽃의 가장자리 일부분을 그려주세요.

**10**

안쪽 면을 제외한 바탕 면을 레몬색으로 꼼꼼히 칠해주세요.

**11**

컵 입구 아래에 진회색으로 둥근 선을 그려주세요. 그리고 연주황색으로 컵 입구와 컵받침의 경계선을 덧그려주세요.

## 장미 컵

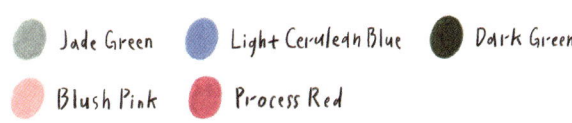

**사용한 색연필**

- Jade Green
- Light Cerulean Blue
- Dark Green
- Blush Pink
- Process Red

1

연청록색으로 타원형의 입구를 그리고, 둥근 모양의 컵 외곽선을 그려주세요.

2

아래로 갈수록 좁아지는 모양의 손잡이와 컵받침을 연청록색으로 그려주세요.

3

컵 입구의 둘레에 연분홍색으로 꽃잎이 세 개인 장미 외곽선을 그려주세요.

4

연분홍색으로 꽃의 바탕 면을 칠하고, 자주색으로 외곽선을 덧그려주세요.

5

꽃의 안쪽에 봉오리를 동그랗게 그리고, 중앙에 사선을 그어주세요. 그리고 밝은 파란색으로 꽃잎의 아래쪽에 작은 잎을 그려줍니다.

6

손잡이와 장미 아래쪽부터 컵받침의 절반까지 바탕 면을 연청록색으로 칠해주세요. 그리고 컵받침의 경계선을 암녹색으로 덧그려주세요.

## fashion

### 패션 소품

패션의 포인트로 다양한 소품을 멋스럽게 활용해요.
털모자를 쓰기도 하고, 눈에 확 띄는 색감의 양말을 신기도 하죠.
자신이 좋아하거나 갖고 싶은 패션 소품들을 다양하게 그려보세요.

## 가죽가방

사용한 오일 파스텔

사용한 색연필

### 1

회색 색연필로 사각형의 버클 틀을 그리고, 중앙에 세로로 핀을 그려주세요. 틀과 핀의 경계를 검은색 색연필로 동그랗게 덧그려주세요.

### 2

버클의 안쪽 면을 갈색 색연필로 칠해주세요.

### 3

진갈색 오일 파스텔로 버클 위아래에 가죽 스트랩을 그려주세요. 아래쪽은 뾰족한 모양으로 마무리해줍니다.

### 4

갈색 오일 파스텔로 버클의 위쪽으로 직사각형의 가방 뚜껑을 넓게 그린 후 칠해주세요.

### 5

적갈색 오일 파스텔로 버클 아래에 사각형의 주머니를 그린 후 칠해주세요.

### 6

주머니의 바탕 면에 갈색 오일 파스텔로 가방의 몸체를 뚜껑보다 조금 안쪽으로 그린 후 칠해주세요.

7

적갈색 오일 파스텔로 뚜껑 위쪽에 각진 모양의 손잡이를 그려주세요. 그리고 회색 색연필로 양끝에 동그란 단추를 그려주세요.

8

뚜껑의 양옆에 회색 오일 파스텔로 버클을 그린 후, 갈색 오일 파스텔로 끈을 그려줍니다. 한쪽은 가방 쪽으로 향하게 그리고, 한쪽은 둥글게 늘어뜨린 모양으로 그려주세요.

9

뚜껑과 몸체의 경계선, 가방 옆면과 끈의 경계선, 주머니의 외곽선을 흰색 색연필로 긁어주세요.

10

흰색 색연필로 뚜껑과 주머니의 가장자리 둘레를 긁어주세요. 그리고 몸체의 모서리 부분을 사선으로 긁어줍니다.

11

검은색 색연필로 스트랩의 외곽선을 덧그리고, 위아래로 동그란 구멍을 두 개씩 그려주세요.

# 털모자

**사용한 오일 파스텔**

**사용한 색연필**

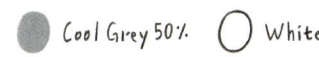

1

진회색 오일 파스텔로 털모자 외형을 전체적으로 칠해줍니다. 아랫부분을 더 두툼하게 칠해서 접힌 모양을 표현해주세요.

2

흰색 색연필로 접힌 부분의 경계를 둥글게 긁어 면을 나누어주세요. 그리고 모자의 외형을 따라 선을 긁어주세요.

3

접힌 면에도 위쪽 선에 맞춰 흰색 색연필로 긁어주세요. 윗부분을 휘어지는 모양으로 긁어서 두께 감을 표현해주세요.

4

흰색 색연필로 세로선을 중심으로 가장 위쪽을 둥글게 긁어서 뜨개의 짜임을 표현해주세요.

5

4번 아래에 이어 하트 모양의 짜임을 흰색 색연필로 긁어주세요.

6

4번, 5번 순서로 전체 선에 뜨개의 짜임을 흰색 색연필로 긁어주세요.

7

접힌 면의 뜨개 짜임 사이에 아래로 둥근 선을 흰색 색연필로 촘촘히 긁어주세요.

8

모자 위에 연회색 오일 파스텔로 크고 동그랗게 방울을 칠해주세요.

9

흰색 오일 파스텔로 방울을 섞듯이 덧칠해줍니다. 안쪽에서 바깥으로 둥글게 둘러가며 칠해주세요.

10

회색 색연필로 방울에 삐죽삐죽하게 털 가닥을 그려주세요. 가장자리 둘레에서 안쪽으로 들어가면서 그려주세요.

## 도트 양말

**사용한 오일 파스텔**

 Pale Blue     Pale Orange Light

**사용한 색연필**

 Cool Grey 50%     Pale Vermilion

1

양말의 밑그림을 연한 색연필로 그리고, 연살구색 오일 파스텔로 뒤꿈치와 앞코를 제외한 양말을 전체적으로 칠해주세요.

2

하늘색 오일 파스텔로 뒤꿈치와 앞코를 둥글게 칠해주세요.

3

양말의 밴드 부분에 회색 색연필로 세로 선을 촘촘히 그려주세요.

4

주황색 색연필로 양말 전체에 도트 패턴을 그려줍니다. 위에서부터 두 개, 한 개 순서로 그려주세요.

## 스트라이프 양말

**사용한 오일 파스텔**
● Prussian Blue Light   ● Light Grey

**사용한 색연필**
○ White   ● Warm Grey 70%

1

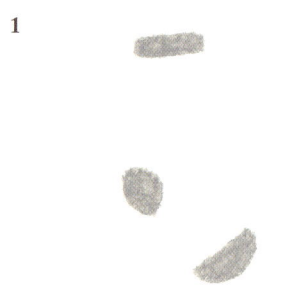

양말의 밑그림을 연한 색연필로 그리고, 연회색 오일 파스텔로 밴드와 뒤꿈치, 앞코를 칠해주세요.

2

밝은 남색 오일 파스텔로 양말 면을 칠해주세요.

3

양말의 밴드 부분에 진회색 색연필로 세로 선을 촘촘히 그려주세요.

4

흰색 색연필로 양말의 외형을 따라 줄무늬를 긁어주세요.

# 체크 머플러

사용한 오일 파스텔

 Red   Ocher  ● Dark Grey

사용한 색연필

○ White

1

황토색 오일 파스텔로 끝이 둥근 직사각형의 머플러 외형을 칠해주세요. 아래쪽의 한쪽 끝은 계단 모양으로 그려주세요.

2

흰색 색연필로 계단 부분에서부터 위쪽으로 끝을 둥글게 긁어서 접힌 모양을 표현해주세요.

3

진회색 오일 파스텔로 앞면의 아래쪽을 가로로 두껍게 칠하고, 세로로 두 줄을 교차로 칠해주세요. 그리고 뒷면도 아래쪽을 칠해주세요.

4

흰색 색연필로 앞뒷면 패턴에 가로로 세 번, 세로로 세 번씩 교차하는 선을 긁어주세요.

5

빨간색 오일 파스텔로 회색 패턴 사이에 교차로 선을 덧그려서 체크 패턴을 완성해주세요.

6

황토색 오일 파스텔로 머플러 끝에 술을 촘촘히 자연스럽게 그려주세요.

7

술에 맞닿은 체크 패턴과 이어지게 진회색과 빨간색 오일 파스텔로 덧칠해주세요.

두 번째
위로

꽃과
초록

# pencil drawing

## 연필 그림

꽃과 선인장, 다양한 초록 식물들을 연필로 그려보세요.
색을 입히는 것도 좋지만 연필 그림만의 모던하고 섬세한 느낌과도 잘 어우러집니다.

## 선인장

1

위쪽이 뚫린 타원형의 입구를 그린 후, 아래쪽에 직각 모양의 둘레를 그려주세요.

2

아래로 갈수록 좁아지는 모양으로 몸체를 그려주세요.

3

한쪽에 길고 두꺼운 모양의 선인장 줄기를 그려주세요.

4

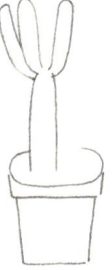

줄기 끝에 세 개의 짧은 줄기를 그려주세요.

5

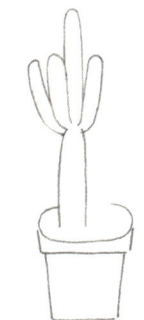

4번의 중앙에 긴 줄기를 그려주세요.

6

옆쪽에 얇은 줄기를 하나 더 그린 후, 그 끝에 휘어진 줄기를 그려주세요.

7

선인장의 외곽선과 면에 가시를 고르게 그려주세요.

8

화분의 입구 안쪽에 흙을 칠해주고 몸체에 영어 monday를 레터링 해주세요.

## 꽃 화분

1

하트 모양의 꽃잎을 세 개 그려주세요.

2

아래쪽에 넓적하고 둥근 모양의 꽃잎을 나란히 그려주세요.

3

중앙에 수술을 그리고 끝을 동그랗게 칠해주세요.

4

1~3번 순서로 전체적으로 둥근 모양이 되도록 꽃을 더 그려주세요.

5

1~3번 순서로 위쪽으로 수북한 느낌이 들도록 꽃을 겹쳐 그려주세요.

6

꽃 아래쪽에 각진 모양의 화분 외곽선을 그려주세요.

7

아래쪽 꽃의 사이에 축 처진 느낌의 잎을 그려주세요. 아래쪽으로 휘어진 가지를 그린 후, 타원형의 작은 잎을 촘촘히 그려줍니다.

8

위쪽 꽃 사이에 둘레가 뾰족하게 갈라지는 모양의 잎을 그려주세요.

9

화분에 직사각형의 라벨을 그린 후, 영어 may를 레터링 해주세요.

## 꽃병

1

타원형의 입구를 겹으로 그린 후, 아래쪽에 목을 그려주세요.

2

둥글게 휘어져 직선으로 떨어지는 모양의 몸체를 그려주세요.

3

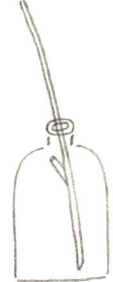

길게 휘어진 가지를 병의 바닥까지 그려줍니다. 가운데에 삐죽하게 자란 짧은 가지도 그려서 디테일을 살려주세요.

4

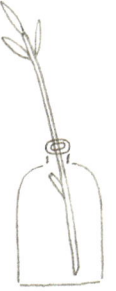

가지 끝에 뾰족하고 가는 모양의 잎을 그려주세요.

5

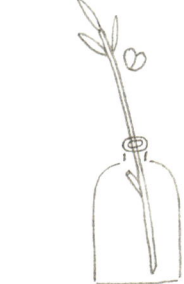

가지의 한쪽 옆에 꽃을 그려줍니다. 포개진 모양의 꽃잎을 두 개 그려주세요.

6

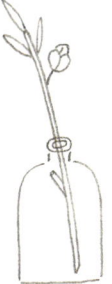

꽃잎 사이에 작은 봉오리를 그린 후, 짧은 가지를 그려주세요.

7

4~6번 순서로 가지의 양옆에 잎과 꽃을 번갈아가며 그려주세요.

8

3~7번 순서로 교차로 겹쳐진 모양의 가지를 하나 더 그려주세요.

9

병의 안쪽 가장자리에 간격을 두고 물을 그려주세요.

# 몬스테라

**1**

위쪽이 뚫린 타원형의 컵 입구를 그린 후, 각진 모양의 몸체를 그려주세요.

**2**

몬스테라 잎의 밑그림을 러프하게 그려줍니다. 컵 위쪽에 긴 하트 모양을 비스듬히 그려주세요.

**3**

밑그림의 둘레에 깊고 끝이 둥근 갈래를 그려 주세요.

**4**

모양을 다듬으면서 필요 없는 밑그림 선은 지 우고 깔끔하게 그려주세요.

**5**

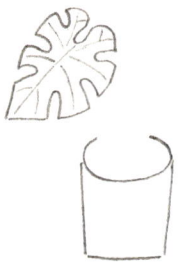

잎의 외곽선보다 연하게 잎맥을 그려주세요. 잎의 가운데를 가로질러서 그린 후, 갈래마다 잎맥을 그려주세요.

**6**

휘어진 모양의 줄기를 컵의 바닥까지 그려주 세요.

7

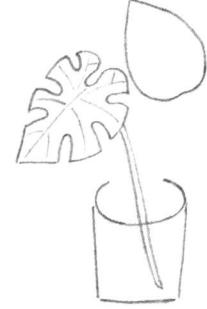

잎 옆에 긴 하트 모양을 거꾸로 비스듬히 그려 주세요.

8

꽃의 가운데에 길게 휘어진 수술을 칠해주세요. 그리고 그 둘레에 주름을 그려줍니다.

9

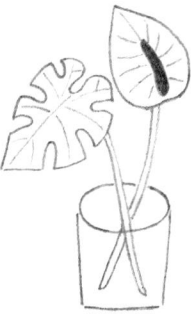

앞서 그린 줄기와 교차되도록 휘어진 줄기를 그려주세요. 그리고 컵의 입구를 마저 그려줍니다.

10

컵의 안쪽 가장자리에 간격을 두고 물을 그려주세요.

# bouquet

**꽃다발**

꽃다발 선물은 꽃을 좋아하는 사람이라면 누구나 좋아하겠죠.
하지만 화려하게 꾸민 꽃다발보다 자연 그대로의 느낌이 좋은 것 같아요.
꽃을 순서대로 한 송이, 한 송이 차곡차곡 그려서 향긋한 꽃다발을 그려보세요.

**사용한 오일 파스텔**

1

분홍색 오일 파스텔로 아래쪽은 둥글고 위쪽은 네 갈래로 갈라지는 모양의 꽃 외형을 그려주세요.

2

진분홍색 오일 파스텔로 위쪽에서 절반 정도까지 외곽선을 덧그려주세요. 그 밑에 긴 하트 모양으로 두 장의 겉 꽃잎 외곽선을 덧그려주세요.

3

진분홍색 오일 파스텔로 중앙에 작고 둥근 봉오리를 덧그린 후, 가운데에 사선을 그려주세요.

4

살구색 오일 파스텔로 면마다 가장자리를 피해 연하게 덧칠해주세요.

5

연두색 오일 파스텔로 줄기를 길게 그린 후, 황회색 오일 파스텔로 덧칠해주세요.

6

연주황색 오일 파스텔로 옆쪽에 넓적하고 위가 여섯 갈래로 갈라지는 꽃의 외형을 그려주세요.

7

살구색 오일 파스텔로 중앙에 하트 모양의 겉 꽃잎 외곽선을 그려주세요. 그리고 양옆에 작은 꽃잎을 하나씩 더 그려줍니다.

8

살구색 오일 파스텔로 위쪽 둘레에도 꽃잎 외곽선을 그려주세요. 중앙은 넓게 그리고, 양옆은 비슷하게 그려줍니다.

9

진살구색 오일 파스텔로 속 꽃잎을 서로 마주 보게 네 장 그려주세요.

10

진살구색 오일 파스텔로 중앙에 끝이 뾰족한 봉오리를 그린 후, 가운데에 사선을 그려주세요.

11-1

겉 꽃잎의 중앙에 밝은 주황색 오일 파스텔로 짧게 선을 그려주세요.

11-2

연주황색 오일 파스텔로 11-1번을 섞듯이 덧칠해서 꽃잎의 면 전체에 번지도록 칠해주세요.

12

살구색 오일 파스텔로 속 꽃잎과 꽃봉오리 면을 연하게 덧칠해주세요. 그리고 밝은 주황색 오일 파스텔로 꽃잎 선을 덧그려주세요.

13

황회색 오일 파스텔로 앞서 그린 꽃과 교차되게 줄기를 그려주세요. 그리고 초록색 오일 파스텔로 덧칠해주세요.

14

위쪽에 간격을 두고 꽃을 그려줍니다. 연살구색 오일 파스텔로 위아래로 겹쳐진 부채꼴의 꽃 외형을 그려주세요.

15

연분홍색 오일 파스텔로 선을 긋듯이 면을 덧칠해주세요.

16

분홍색 오일 파스텔로 면을 세 군데로 나누어 외곽선을 덧그려주세요. 위쪽 외곽선은 뾰족뾰족하게 그려줍니다.

17

회녹색 오일 파스텔로 꽃 아래에 꽃받침을 그리고, 긴 줄기를 휘어지게 그려주세요.

18

회녹색 오일 파스텔로 줄기 양옆으로 세 갈래로 갈라지는 모양의 잎을 그려주세요. 다른 꽃에 가려진 부분의 잎도 꼼꼼히 그려주세요.

19

황회색 오일 파스텔로 줄기와 잎 전체를 덧칠해주고, 암녹색 오일 파스텔로 잎맥을 그려주세요.

20

꽃의 옆쪽에 올리브색 오일 파스텔로 줄기를 그려주세요. 그리고 그 끝과 바깥쪽 옆에 뾰족한 모양의 타원형 잎을 그려줍니다.

21

초록색 오일 파스텔로 전체를 덧칠해주고, 암녹색 오일 파스텔로 잎맥을 그려주세요.

22

반대편에 연두색 오일 파스텔로 꽃에 가려진 줄기를 그려주세요. 그리고 그 끝과 양옆에 세 갈래로 갈라지는 모양의 잎을 그려줍니다.

23

베이지색 오일 파스텔로 전체를 덧칠해주고, 올리브색 오일 파스텔로 잎맥을 그려주세요.

24

꽃과 잎 사이에 황토색 오일 파스텔로 가지를 그려주세요. 가려진 부분을 피해 틈새에도 꼼꼼히 그려준 후, 갈색 오일 파스텔로 덧칠해주세요.

25

가지 끝과 양옆에 연두색 오일 파스텔로 가늘고 긴 잎을 그려주고, 초록색 오일 파스텔로 덧칠해줍니다.

26

바깥쪽에 24번 순서대로 그리고, 회녹색 오일 파스텔로 잎을 그려주세요. 촘촘히 그리고 아래로 갈수록 점점 길게 그려줍니다.

## 꽃병

창가에 두면 좋을 것 같은 꽃병이에요.
꽃송이마다 그러데이션 기법으로 그려서 좀 더 가볍고 화사한 분위기를 줄 수 있어요.
느긋한 마음으로 꽃을 그리면서 따뜻한 봄의 기운을 느껴보세요.

## 분홍색 꽃 꽃병

사용한 오일 파스텔

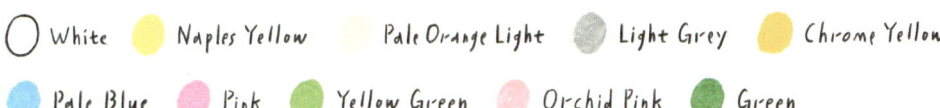

사용한 색연필

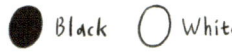

1

연분홍색 오일 파스텔로 네 갈래로 뾰족하게
갈라진 나팔 모양의 꽃을 그려주세요.

2

분홍색 오일 파스텔로 꽃의 위쪽에 같은 모양
으로 안쪽 면을 그려주세요. 그리고 흰색 색연
필로 경계선을 긁어 면을 나누어줍니다.

3

연살구색 오일 파스텔로 아래쪽에서 2/3 지점
정도까지 선을 긋듯이 자연스럽게 덧칠해주세요.

4

연노란색 오일 파스텔로 3번을 덧칠해주세요.
그리고 진노란색 오일 파스텔로 아래쪽에서
1/3 지점 정도까지 한 번 더 자연스럽게 덧칠
해주세요.

**5**

안쪽 면에 하늘색 오일 파스텔로 수술을 촘촘히 그리고, 끝을 동그랗게 그려주세요.

**6**

연두색 오일 파스텔로 꽃받침을 그린 후, 긴 줄기를 비스듬히 그려주세요. 그리고 꽃받침 부분만 초록색 오일 파스텔로 덧칠해주세요.

**7**

6번 순서대로 두 갈래의 줄기를 더 그려주세요.

**8**

연두색 오일 파스텔로 두 갈래의 줄기에 타원형의 잎을 그린 후, 흰색 색연필로 잎맥을 긁어주세요.

**9**

꽃받침 끝에 연분홍색 오일 파스텔로 가운데가 갈라지는 모양의 꽃봉오리를 그려주세요. 그리고 연살구색 오일 파스텔로 윗부분을 조금 남겨두고 연하게 덧칠해주세요.

**10**

흰색 색연필로 봉오리 가운데를 세로로 긁어 꽃잎을 나누어주세요. 그리고 진노란색 오일 파스텔로 아래에서 절반 정도만 덧칠해줍니다. 나머지 꽃받침에도 꽃봉오리를 그려주세요.

**11**

연회색 오일 파스텔로 타원형의 병 입구 외곽선을 그려주세요. 그리고 줄기보다 더 길게 병의 외곽선을 그려주세요.

**12**

줄기 끝에 연회색 오일 파스텔로 직사각형의 라벨을 그린 후, 흰색 오일 파스텔로 섞듯이 덧칠해주세요.

**13**

검은색 색연필로 라벨의 가장자리에 선을 그리고, 영어 a lazy afternoon을 레터링 해주세요. 그리고 연두색 오일 파스텔로 라벨 아래쪽에도 각도를 맞춰서 줄기를 이어 그려줍니다.

**14**

병 안쪽의 가장자리에 간격을 두고 하늘색 오일 파스텔로 물을 칠해주세요.

**15**

흰색 오일 파스텔로 물의 위쪽 가장자리를 섞듯이 덧칠해주세요.

## 살구색 꽃 꽃병

**사용한 오일 파스텔**
- Yellow Green
- Green Grey
- Grey
- White
- Pale Vermilion
- Salmon Pink
- Light Grey
- Chrome Yellow
- Olive Green

**사용한 색연필**
- Light Cerulean Blue
- Black
- White

1  회녹색 오일 파스텔로 비스듬하게 줄기를 그리고, 그 끝과 양옆에 타원형의 잎을 그려주세요.

2  연두색 오일 파스텔로 잎만 덧칠하고, 흰색 색연필로 잎맥을 굵어주세요.

3  살구색 오일 파스텔로 하트 모양 꽃잎을 서로 마주보도록 네 장 그려주세요. 그리고 진살구색 오일 파스텔로 안쪽에서 절반 정도만 연하게 덧칠해주세요.

4  진노란색 오일 파스텔로 꽃잎의 안쪽 절반을 한 번 더 덧칠해주세요. 그리고 흰색 색연필로 꽃잎 사이를 굵어 면을 나누어주세요.

5  꽃의 중앙에 파란색 색연필로 수술대를 촘촘히 그리고, 그 끝을 동그랗게 칠해주세요.

6  3~5번 순서로 아래쪽에 꽃을 한 송이 더 그려주세요. 그리고 올리브색 오일 파스텔로 꽃을 이어주는 줄기를 그려주세요. 끝부분은 앞서 그린 줄기와 교차되게 그려줍니다.

7

올리브색 오일 파스텔로 줄기 끝에 네 갈래로 뻗은 가지를 그린 후, 꽃받침을 그려주세요. 꽃 사이에도 양쪽으로 줄기를 그려줍니다.

8

진살구색 오일 파스텔로 꽃받침 끝에 길고 둥근 모양의 꽃봉오리를 그려주세요.

9

흰색 오일 파스텔로 봉오리의 위쪽 절반 정도를 섞듯이 덧칠해주세요. 그리고 흰색 색연필로 가운데를 세로로 긁어 꽃잎을 나누어주세요. 나머지 꽃받침에도 꽃봉오리를 그려줍니다.

10

연회색 오일 파스텔로 둥근 모양의 병 입구와 목을 겹겹이 그려주세요. 그리고 줄기보다 길게 병의 외곽선을 그려줍니다.

11

줄기 끝에 회색 오일 파스텔로 직사각형의 라벨을 그려주세요. 그리고 검은색 색연필로 가장자리에 선을 그린 후, 영어 warm air and scent를 레터링 해줍니다.

12

라벨의 아래쪽에 각도를 잘 맞춰서 줄기의 끝부분(회녹색, 올리브색 오일 파스텔)을 잘 이어 그려주세요.

# flowerpot

### 꽃 화분

꽃집 앞을 지날 때면 은은한 향이 코끝을 따라오는 것 같아요.
꽃이 활짝 피었을 때도 예쁘지만 꽃망울을 터뜨리기 직전의 꽃봉오리도 무척 사랑스러워요.
알록달록하고 다양한 모양의 꽃을 그리고, 그에 어울리는 화분도 함께 그려보세요.

# 수국 화분

**사용한 색연필**

- Crimson Red
- Tuscan Red
- Burnt Ochre
- Sienna Brown
- Yellowed Orange
- Limepeel
- Goldenrod
- Dark Green
- Grass Green
- Apple Green
- Spring Green
- Orange

**1** 작은 꽃송이가 모여 다발을 이루는 꽃을 그립니다. 먼저 밝은 주황색으로 타원형의 밑그림을 그려주세요. 그 위로 꽃잎이 네 장인 꽃송이를 그려줍니다.

**2** 꽃송이 중앙에 빨간색으로 점을 찍듯 수술을 그려주세요. 그리고 꽃잎 사이 선을 주황색으로 덧그려주세요.

**3** 1번, 2번 순서로 밑그림을 따라 둘러가며 빈틈없이 꽃송이를 그려주세요.

**4** 1번, 2번 순서로 중앙으로 들어가면서 꽃송이를 빈틈없이 메워주세요.

**5** 아래쪽에 1~4번 순서로 조금 더 작은 다발을 하나 더 그려주세요.

**6** 큰 다발 아래에 초록색으로 줄기를 그려주세요. 작은 다발은 풀색으로 그린 후, 초록색으로 덧그려주세요.

7

큰 다발 아래에 바깥쪽을 향하도록 잎을 그려줍니다. 풀색으로 끝이 둥글게 갈라진 잎 외곽선을 그리고, 초록색으로 잎맥을 그려주세요.

8

잎의 바탕 면을 풀색으로 칠한 후, 라임색으로 덧칠해주세요. 그리고 암녹색으로 외곽선을 덧그려줍니다. 맞은편과 아래쪽 줄기에도 잎을 그려주세요.

9

작은 다발 아래에도 바깥쪽을 향하도록 잎을 그려줍니다. 연두색으로 잎 외곽선을 그리고, 초록색으로 잎맥을 그려주세요.

10

잎의 바탕 면을 연두색으로 꼼꼼히 칠해주고, 풀색으로 외곽선을 덧그려주세요.

11

연갈색으로 타원형의 화분 입구와 아래로 갈수록 좁아지는 몸체를 그려주세요. 그리고 바닥의 가운데에 동그란 홈을 그려줍니다.

12

연갈색으로 화분의 바탕 면을 꼼꼼히 칠해주고, 입구와 몸체의 경계선을 갈색으로 덧그려주세요.

13

진황색으로 흙을 칠하고, 화분과 흙의 경계선을 적갈색으로 덧그려줍니다.

## 무궁화 화분

사용한 색연필

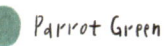 Parrot Green   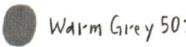 Goldenrod   Warm Grey 50%   Cool Grey 20%

 Cool Grey 50%    Dark Green    Grass Green   Apple Green

 Canary Yellow    Carmine Red    Magenta    Sand   Mulberry

1

풀색으로 하트 모양의 꽃받침과 긴 줄기를 그려주세요. 그리고 초록색으로 외곽선을 덧그려줍니다.

2

1번 순서대로 줄기 양옆에 가지와 꽃받침을 그려주세요.

3

가장 위쪽 꽃받침에 꽃봉오리를 그려줍니다. 청록색으로 타원형의 작은 봉오리를 그리고, 암녹색으로 가운데에 선을 그려주세요.

4

나머지 꽃받침 위에 빨간색으로 봉오리를 그려주세요. 자주색으로 가운데에 선을 덧그리고, 진자주색으로 봉오리의 아래쪽을 덧칠해줍니다.

5

둘레가 뾰족뾰족하게 갈라지는 모양의 잎을 풀색으로 그려주세요.

6

암녹색으로 잎의 외곽선을 덧그린 후, 잎맥을 그려주세요.

7

잎 아래에 무궁화 한 송이를 그려줍니다. 빨간색으로 다섯 장의 꽃잎을 그린 후, 노란색으로 중앙에 뿔 모양의 수술을 그려주세요.

8

꽃의 바탕 면을 빨간색으로 칠해주고, 자주색으로 외곽선을 덧그려주세요.

9

진자주색으로 꽃잎의 안쪽에서 바깥쪽으로 선을 긋듯이 절반 정도만 덧칠해주세요. 그리고 1번 순서대로 꽃 끝에 가지를 그려주세요.

10

맞은편에 7~9번 순서대로 가지에 살짝 가려진 꽃을 한 송이 그려주세요. 그리고 아래쪽에 5번, 6번 순서대로 큰 잎을 그려주세요.

11

줄기 양쪽으로 꽃과 잎을 순서대로 어긋나게 그려주세요. 꽃 한쪽은 수술이 위쪽으로 향하게 그리고, 한쪽은 아래쪽으로 향하게 그려줍니다.

12

베이지색으로 입구가 타원형인 화분 외곽선을 그려주세요. 그리고 회색으로 라벨을 그린 후, 연회색으로 가장자리에 선을 한 번 더 그려주세요.

13

화분의 바탕 면을 베이지색으로 꼼꼼히 칠해주세요.

14

라벨의 중앙에 회색으로 동그라미를 그려주세요. 진회색으로 영어 made를 레터링 한 후, 밑줄을 그어주세요.

15

진황색으로 흙을 꼼꼼히 칠해주세요.

# 노란 꽃 화분

사용한 색연필

1

풀색으로 줄기를 그린 후, 암녹색으로 덧칠해주세요.

2

줄기 끝에 세 갈래로 가지를 그려주고, 그 아래에 긴 가지를 하나 더 그려줍니다. 라임색으로 가지를 그린 후, 초록색으로 덧그려주세요.

3

1번, 2번 순서대로 외형이 부채꼴이 되도록 양쪽에 줄기를 하나씩 더 그려줍니다.

4

가지의 아래쪽에 라임색으로 잎을 그려줍니다. 둘레가 세 갈래로 갈라지는 모양으로 그려주세요.

5

풀색으로 연하게 잎을 덧칠해주고 암녹색으로 강약을 조절하며 외곽선을 덧그려주세요.

6

노란색으로 가지 끝과 양옆에 하트 모양의 꽃을 촘촘히 그려줍니다.

**7**

진노란색으로 꽃을 덧칠해주고, 주황색으로 강약을 조절하며 외곽선을 덧그려주세요.

**8**

4~7번 순서대로 나머지 모든 가지에 풍성한 느낌으로 꽃과 잎을 그려주세요.

**9**

연보라색으로 타원형의 화분 입구를 그리고, 아래로 갈수록 좁아지는 화분 외곽선을 그려주세요.

**10**

화분의 바탕 면을 연보라색으로 연하게 칠해주세요. 그리고 자주색으로 조금 두꺼운 격자 모양 선을 넓게 그려줍니다.

**11**

보라색으로 격자 모양의 전체 둘레에 교차되는 선을 그려주세요.

**12**

연보라색으로 가운데에 십자 모양의 선을 그려서 체크 패턴을 마무리해주세요.

**13**

화분의 중앙에 검은색으로 영어 merci를 레터링 해주세요. 그리고 진황색으로 흙을 칠해줍니다.

# 분홍 꽃 화분

사용한 색연필

 Peacock Blue   Goldenrod  Cool Grey 20%  Indigo Blue
 Light Cerulean Blue   Grass Green   Apple Green  Blush Pink
Pink  Chartreuse  Process Red

1

줄기 세 개를 나란히 그려줍니다. 밝은 연두색으로 짧게 그린 후, 풀색으로 외곽선을 연하게 덧그려주세요.

2

줄기 한쪽에 둘레가 세 갈래로 갈라지는 모양의 잎을 그려줍니다. 밝은 연두색으로 그린 후, 초록색으로 외곽선과 잎맥을 덧그려주세요.

3

2번 순서대로 나머지 줄기에도 서로 닿지 않도록 어긋나게 잎을 그려주세요.

4

연분홍색으로 줄기 끝에 꽃잎이 다섯 장인 꽃을 그려주세요.

5

꽃의 외곽선을 자주색으로 덧그리고, 끝부분은 뾰족하게 마무리합니다.

6

파란색으로 꽃의 중앙에 동그란 수술을 그리고, 꽃잎의 가운데에 지그재그 무늬를 그려줍니다. 나머지 가지에도 꽃을 그려주세요.

7

꽃 위에 좀 더 옅은 색의 꽃을 그려줍니다. 연분홍색으로 꽃을 그려주세요.

8

분홍색으로 외곽선을 덧그리고 밝은 파란색으로 수술과 무늬를 그려줍니다. 옆에 꽃을 하나 더 그려주세요.

9

연회색으로 입구가 타원형인 화분의 외곽선을 그린 후, 바탕 면을 칠해주세요.

10

화분 면에 남색으로 패턴을 그려줍니다. 화분의 입구 둘레에 'X' 모양의 꽃잎을 일정한 간격으로 그려주세요.

11

바로 아래에 10번의 위치와 어긋나도록 남색으로 꽃잎을 한 줄 더 그려주세요.

12

마지막으로 첫 번째 줄과 같은 위치에 남색으로 꽃잎을 그리고, 패턴을 마무리합니다. 그리고 진황색으로 흙을 칠해주세요.

## 파란 꽃 화분

**사용한 색연필**

- Yellowed Orange
- Limepeel
- Peacock Blue
- Goldenrod
- Cool Grey 50%
- Dark Green
- Olive Green
- Canary Yellow
- Light Peach
- Pink
- Peach
- Beige

**1**

줄기를 라임색으로 그린 후, 올리브색으로 덧칠해주세요.

**2**

파란색으로 끝이 동그랗게 세 갈래로 갈라지는 꽃잎을 'X' 모양으로 그려주세요.

**3**

중앙에서부터 꽃잎마다 두 가닥씩 밝은 주황색의 수술을 그려주세요. 그리고 끝에 노란색으로 동그라미를 그려줍니다.

**4**

수술을 피해서 꽃의 바탕 면을 파란색으로 꼼꼼히 칠해주세요.

**5**

줄기의 양옆으로 라임색의 잎을 그려주세요. 둘레가 동그랗게 갈라지는 모양의 잎을 그리고 암녹색으로 잎맥을 그려주세요.

**6**

잎의 바탕 면을 라임색으로 칠해주고, 암녹색으로 잎맥을 촘촘히 그려주세요.

**7**

살구색으로 타원형의 입구를 그린 후, 각진 모양의 화분을 그려주세요.

**8**

분홍색으로 위로 갈수록 좁아지는 구불구불한 모양의 아이스크림을 그려주세요. 그리고 베이지색으로 콘을 그려줍니다.

**9**

각각의 바탕 면을 분홍색과 베이지색으로 칠해주고, 칠한 콘에 회색으로 체크 패턴을 그려주세요.

**10**

화분의 바탕 면을 연살구색으로 칠해주고 콘의 외곽선을 진황색으로 덧그려주세요.

**11**

진황색으로 화분 안쪽 면에 흙을 칠해주세요.

# fall

## 단풍과 낙엽

가을 하면 떠오르는 것들이 있어요.
빨간 단풍잎과 샛노란 은행잎, 제각각 다른 갈색을 띤 낙엽들
그리고 잘 익은 밤과 귀여운 도토리까지.
하나하나를 둥글게 빙 둘러가며 그려 가을 리스를 완성해보세요.

사용한 색연필

1

연필로 넓은 원을 그린 후, 그 선을 둘러 가며 각각의 외곽선을 그려줍니다. 같은 그림이라도 각도와 크기를 달리하여 단조롭지 않게 그려주세요.

2

단풍잎을 그려주세요. 빨간색으로 끝이 뾰족한 모양의 외형을 그려주세요. 연필로 연하게 오각형을 그리고, 그 선 안쪽으로 잎을 그리면 좀 더 수월합니다.

3

갈색으로 잎을 가로질러 잎맥을 그려주세요. 그 선을 중심으로 두 번째 갈래의 잎까지 잎맥을 그려줍니다.

4

나머지 잎의 갈래마다 외형을 따라 갈색으로 잎맥을 그려주세요.

5

밤을 그립니다. 적갈색으로 둥글고 끝이 뾰족한 머리 부분을 그린 후, 진황색으로 둥근 밑면을 칠해주세요.

6

바탕 면을 적갈색으로 칠하고, 밑면에 암갈색으로 점선 패턴을 그려줍니다.

### 7

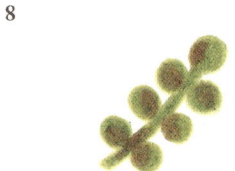

갈변한 잎을 그립니다. 라임색으로 줄기를 먼저 칠하고 그 끝과 양옆으로 동그란 모양의 잎을 그려주세요.

### 8

올리브색으로 전체를 연하게 덧칠해주세요. 그리고 잎마다 한쪽 귀퉁이를 적갈색으로 덧칠해 갈변을 표현해주세요.

### 9

잎의 중앙에 암녹색으로 잎맥을 그려주세요.

### 10

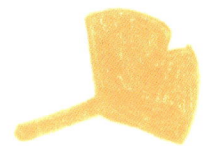

노란색으로 은행잎을 그려주세요. 중간이 'V' 모양으로 패인 부채꼴 외형을 그려줍니다.

### 11

주황색으로 외곽선을 덧그린 후, 줄기를 중심으로 잎맥을 촘촘히 그려주세요.

### 12

도토리를 그려줍니다. 황토색으로 꼭지가 있는 머리 부분을 그린 후, 연갈색으로 불룩하고 끝이 뾰족한 몸체를 그려주세요. 그리고 진황색으로 머리를 덧칠해줍니다.

### 13

연갈색으로 머리의 외곽선을 덧그려주고, 몸체의 바탕 면을 칠해주세요.

### 14

암갈색으로 머리에 짧은 점선 패턴을 그려주세요.

### 15

벌레 먹은 낙엽을 그려줍니다. 안쪽으로 동그랗게 패인 모양의 외형을 연갈색으로 그려주세요.

**16**

암갈색으로 잎맥을 덧그려주세요.

**17**

갈변한 낙엽을 그려주세요. 주황색으로 안쪽으로 동그랗게 패인 모양의 외형을 그린 후 칠해주세요.

**18**

연갈색으로 낙엽 전체를 연하고 거칠게 덧칠해주세요. 그리고 올리브색으로 윗부분과 아랫부분에 둥근 얼룩을 덧칠해주세요.

**19**

암갈색으로 잎맥을 그려주세요. 그리고 잎맥을 피해 올리브색으로 얼룩을 한 번 더 진하게 덧칠해줍니다.

**20**

낙엽을 그려주세요. 둘레가 둥글게 갈라진 모양의 외형을 진황색으로 그린 후 칠해주세요. 그리고 연갈색으로 거칠게 덧칠해줍니다.

**21**

암갈색으로 잎맥을 그리고 마무리해주세요.

**22**

원의 둘레를 모두 그린 후, 사이사이에 마른 열매송이를 그려줍니다. 진황색으로 여러 갈래의 짧은 가지를 그리고 암갈색으로 열매를 그려주세요.

**23**

빈 부분에 진황색으로 마른 가지를 그려주세요. 줄기를 짧게 그린 후, 양옆으로 촘촘히 가지를 그려줍니다.

**24**

암갈색으로 중앙에 영어 fall을 두께감 있게 레터링 해주세요.

# cactus

**선인장**

사계절 내내 초록색을 띠고 있는 선인장을 보고 있노라면
강한 생명력이 느껴져요.
형태를 칠하고 긁어내는 단순한 기법만으로 단단한 선인장을 표현해보세요.
선인장과 대비되는 색감과 디테일한 무늬의 화분을 함께 그려서
선인장을 더 돋보이게 해주세요.

# 꽃 화분 선인장

사용한 오일 파스텔

사용한 색연필

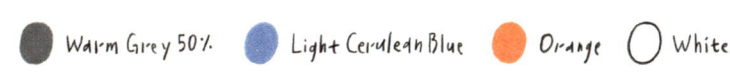

1

살구색 오일 파스텔로 화분을 그려줍니다. 선인장을 그려넣을 입구 둘레는 비워두고 그려주세요. 그리고 꽃잎이 네 장인 꽃 네 개를 그려넣을 자리도 남겨주세요.

2

화분의 비워둔 곳에 하늘색 오일 파스텔로 꽃잎이 하트 모양인 꽃을 그려줍니다. 깔끔하게 그리지 않아도 괜찮아요.

3

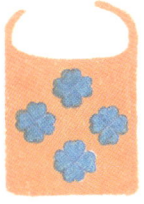

밝은 파란색 색연필로 꽃의 외곽선을 깔끔하게 덧그리고, 꽃잎과 꽃잎 사이에도 선을 그려 면을 나누어주세요.

4

밝은 주황색 오일 파스텔로 꽃잎의 안쪽에서 절반 정도를 덧칠해주세요.

5

주황색 색연필로 꽃잎의 중앙에서 바깥쪽으로 선을 세 개씩 그려주세요.

6

꽃과 꽃 사이를 잇는 느낌으로 잎을 그려줍니다. 청록색 오일 파스텔로 줄기를 그린 후, 양 옆으로 위를 향하도록 잎을 그려주세요. 그리고 흰색 색연필로 잎맥을 긁어줍니다.

7

진회색 색연필로 꽃의 중앙에 영어 You are flowers를 레터링 해주세요.

8

밝은 황토색 오일 파스텔로 화분 안쪽 면에 흙을 칠해줍니다. 중앙에 두꺼운 기둥 모양의 선인장을 그릴 자리를 비워두고 칠해주세요.

9

올리브색 오일 파스텔로 선인장을 그려줍니다. 두껍고 끝이 둥근 기둥을 그리고, 옆면에 휘어진 모양의 가지를 그려주세요.

10

흰색 색연필로 선인장의 외형을 따라 주름 선을 긁어주세요.

## 회색 화분 선인장

**사용한 오일 파스텔**

 Deep Green     Grey

 White     Yellow Ocher

**사용한 색연필**

Warm Grey 50%    Black

Cool Grey 50%    White

**1**

회색 오일 파스텔로 화분을 그려줍니다. 선인장을 그려넣을 입구 둘레는 비워두고 그려주세요. 그리고 화분의 중앙에 직사각형의 라벨을 그려넣을 자리도 남겨주세요.

**2**

비워둔 라벨 바탕 면을 흰색 오일 파스텔로 칠해주세요. 그리고 진회색 색연필로 가장자리 둘레에 선을 그려주세요.

**TIP** 흰색 그림에 색연필로 덧그릴 때 바탕을 칠하지 않고 종이에 바로 그려도 괜찮아요. 하지만 흰색 오일 파스텔을 칠하고 그리면 좀 더 풍성한 질감을 살릴 수 있어요.

**3**

라벨 위쪽에 회색 색연필로 선을 그린 후, 아래쪽에 작은 원을 그려줍니다. 그리고 검은색 색연필로 중앙에 영어 cactus를 레터링 해주세요.

**4**

흰색 색연필로 화분의 바탕 면에 일정한 간격으로 세로 선을 그어주세요.

**5**

화분 안쪽 면에 둥그런 선인장을 그릴 자리를 비워두고, 밝은 황토색 오일 파스텔로 흙을 칠해주세요.

**6**

진초록색 오일 파스텔로 선인장을 그려줍니다. 위로 갈수록 작아지는 둥근 모양으로 세 단을 그려주세요. 그리고 끝에 삐딱하게 자란 타원형의 줄기를 그려줍니다.

**7**

흰색 색연필로 선인장의 외형을 따라 구불구불한 선을 그어주세요. 중앙에서 바깥쪽 순서로 그어줍니다.

# carnation

**카네이션**

어버이날을 위한 카네이션.
어릴 적에는 색종이로 커다란 카네이션을 만들기도 했었지요.
요즘에는 생화뿐만 아니라 금속으로 된 브로치나 자수로 만든 것 등 다양한 소재가 많아요.
감사한 마음을 담아 정성 어린 그림을 그려보는 것은 어떨까요.
카드로 활용해도 좋을 것 같아요.

**사용한 오일 파스텔**

**사용한 색연필**

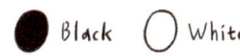

1

진분홍색 오일 파스텔로 꽃 아랫부분을 부채꼴 모양으로 그려주세요. 밑부분은 뾰족뾰족하게 그려서 꽃받침 그릴 자리를 남겨주세요.

2

분홍색 오일 파스텔로 1번의 경계를 섞듯이 덧칠하면서 둥근 외형을 그려주세요.

3

흰색 오일 파스텔로 윗부분의 둘레만 경계를 섞듯이 살짝 덧칠해주세요.

4

아래쪽의 뾰족한 부분을 기준으로 꽃잎 선을 흰색 색연필로 긋어주세요. 전체의 2/3 정도까지 긴 꽃잎 선을 긋고, 끝은 뾰족한 모양으로 긋어줍니다.

5

4번 꽃잎 사이사이에 짧은 꽃잎을 흰색 색연필로 두 층 더 긋어주세요.

6

진분홍색 오일 파스텔로 첫 번째와 두 번째 층 꽃잎의 아랫부분을 동그랗게 덧칠해주세요.

7

흰색 색연필로 꽃의 아랫부분에 촘촘히 선을 긁어주세요.

8

회녹색 오일 파스텔로 꽃 아래의 뾰족한 부분에 맞춰서 꽃받침을 그려줍니다. 마찬가지로 밑부분은 안쪽으로 뾰족하게 그려주세요.

9

8번 아래에 암녹색 오일 파스텔로 꽃받침과 짧은 줄기를 그려줍니다. 그리고 흰색 색연필로 위쪽 꽃받침의 갈래에서부터 아래로 선을 긁어주세요.

10

꽃 옆에 작은 꽃봉오리를 그려줍니다. 먼저 진분홍색 오일 파스텔로 아랫부분을 짧게 칠해주세요.

11

분홍색 오일 파스텔로 10번의 경계를 섞듯이 칠하며 꽃봉오리의 절반 정도를 그려주세요.

12

흰색 오일 파스텔로 11번의 경계를 섞듯이 칠하며 끝이 볼록한 모양의 봉오리를 그려주세요.

13

흰색 색연필로 봉오리의 가운데를 세로로 긁어 면을 나누어주세요. 그리고 위쪽 끝부분은 뾰족하게 긁어줍니다.

14

회녹색 오일 파스텔로 꽃봉오리 아래에 둥글고 긴 꽃받침을 그려주세요. 그리고 흰색 색연필로 가운데를 'Y' 모양으로 긁어서 면을 나누어주세요.

15

10~14번 순서대로 긴 꽃봉오리를 하나 더 그려주세요.

**16**

연두색 오일 파스텔로 줄기를 비스듬히 그려주고, 그 끝과 양옆에 타원형의 잎을 그려주세요.

**17**

초록색 오일 파스텔로 덧칠해준 후, 흰색 색연필로 잎맥을 긁어주세요.

**18**

연두색 오일 파스텔로 줄기를 비스듬히 그려주고, 양옆으로 얇은 잎을 그려주세요. 그리고 올리브색 오일 파스텔로 덧칠해줍니다.

**19**

연회색 오일 파스텔로 꽃 아래쪽에 꽃을 감싸는 모양의 리본을 그려주세요. 가운데 부분은 위쪽으로 휘어지게 그리고, 끝부분은 두 갈래로 갈라지게 그려줍니다.

**20**

진회색 오일 파스텔로 리본의 튀어나온 양 옆선을 'S' 모양으로 덧그려주세요. 그리고 흰색 오일 파스텔로 가장자리를 피해 앞면을 덧칠해주세요.

**21**

리본에 검은색 색연필로 영어 gracias!를 레터링 해주세요. 면에 꽉 차도록 넓게 띄어 써주세요.

# tulip

## 튤립 바구니

어릴 적 소풍으로 놀이공원을 갔다가 튤립을 보고 크게 감탄했던 기억이 있어요.
튤립만큼 색이 다양한 꽃도 없는 것 같아요.
활짝 폈을 때도 계란형의 오목한 형태를 유지해서 다른 꽃에 비해 그림으로 표현하기 좀 더 수월해요.
자연스러운 그러데이션으로 튤립을 표현해보세요.

사용한 오일 파스텔

사용한 색연필

1

밝은 주황색 오일 파스텔로 둥근 꽃잎을 2/3 정도만 그려줍니다. 윗부분은 두 갈래로 완만하게 갈라지는 모양으로 그려주세요.

2

밝은 주황색 오일 파스텔로 긴 타원형의 꽃잎을 하나 더 포개지는 모양으로 그려주세요.

3

두 꽃잎 사이에 밝은 주황색 오일 파스텔로 둥근 모양의 봉오리를 그려주세요.

4

진노란색 오일 파스텔로 아랫부분의 경계를 섞듯이 덧칠하며 둥글게 그려주세요.

5

흰색 색연필로 꽃잎을 그린 순서대로 외곽선을 긁어주세요. 그리고 봉오리는 가운데를 세로로 비스듬히 긁어줍니다.

6

주황색 오일 파스텔로 꽃잎의 윗부분을 연하게 덧칠해주세요.

| 7 | 8 | 9 |
|---|---|---|
|  |  |  |
| 연두색 오일 파스텔로 꽃 아래에 줄기를 비스듬히 그려주세요. 그리고 줄기 양옆에 끝이 뾰족하고 긴 잎을 그려줍니다. | 흰색 색연필로 줄기와 잎이 겹쳐진 경계와 잎맥을 긁어주세요. | 1~8번 순서대로 앞서 그린 튤립에 가려지도록 작은 튤립 한 송이를 그려줍니다. |

| 10 | 11 | 12 |
|---|---|---|
|  |  |  |
| 앞서 그린 튤립 사이에 주황색 오일 파스텔로 꽃잎을 2/3 정도만 그려줍니다. 끝이 세 갈래로 갈라지는 모양으로 그려주세요. | 밝은 주황색 오일 파스텔로 아래쪽의 경계를 섞듯이 덧칠해주세요. | 진노란색 오일 파스텔로 11번의 경계를 섞듯이 덧칠하며 밑 부분을 둥글게 그려주세요. |

| 13 | 14 | 15 |
|---|---|---|
|  |  |  |
| 흰색 색연필로 앞서 그린 노란 튤립과 같은 모양으로 꽃잎 선을 긁어주세요. | 주황색 오일 파스텔로 꽃잎 윗부분의 가장자리를 연하게 덧칠해주세요. 그리고 연두색 오일 파스텔로 꽃 아래에 줄기를 그려줍니다. | 10~14번 순서대로 양옆에 비스듬히 튤립을 한 송이씩 더 그려주세요. 그리고 7번, 8번 순서대로 꽃 아래에 줄기를 그려주세요. 잎은 바깥쪽으로 하나씩만 그려줍니다. |

16

회녹색 오일 파스텔로 꽃 사이에 긴 줄기를 그린 후, 양옆으로 뾰족한 잎을 촘촘히 그려주세요. 그리고 흰색 색연필로 잎맥을 긁어주세요.

17

초록색 오일 파스텔로 반대쪽 가장자리에 긴 줄기를 비스듬히 그려주세요. 그 끝과 양옆에 타원형의 잎을 그린 후, 흰색 색연필로 잎맥을 긁어주세요.

18

황토색 오일 파스텔로 꽃의 둘레에 타원형의 바구니 입구를 두껍게 그려주세요. 바닥 둘레는 입구보다 좁은 폭으로 평평하게 그려줍니다. 그리고 흰색 색연필로 같은 방향으로 사선을 촘촘히 긁어주세요.

19

황토색 오일 파스텔로 입구와 바닥보다 조금 안쪽으로 세로의 대를 그려줍니다. 대의 두께만큼 일정한 간격을 두고 하나씩 그려주세요.

20

연황토색 오일 파스텔로 앞서 그린 대에 가로로 엮인 모양의 대를 그려줍니다. 세로의 대를 기준으로 한 번은 위로 덧칠하고, 한 번은 피해서 칠하는 방식으로 번갈아가며 그려주세요.

21

두 번째 대는 첫 번째 대와 엇갈리게 연황토색 오일 파스텔로 칠해줍니다. 세로의 대를 기준으로 한 번은 피해서 칠하고, 한 번은 위로 덧칠하는 방식으로 번갈아가며 그려주세요.

22

20번, 21번 순서를 반복하며 연황토색 오일 파스텔로 바닥까지 그려주세요.

23

흰색 색연필로 엮인 선을 선명하게 긁어주세요.

24

바구니의 안쪽 면을 연황토색 오일 파스텔로 칠해주고, 연갈색 색연필로 입구와 바닥의 외곽선을 덧그려주세요.

세 번째
위로

달콤한
것들

# pencil drawing

## 연필 그림

달콤한 디저트는 보는 것만으로도 기분이 좋아져요.
내가 좋아하는 다양한 종류의 디저트를 연필의 진하기를 달리하여 세심하게 그려보세요.
선으로 그릴 부분과 면을 칠할 부분을 구분해서 지루하지 않게 표현해보세요.

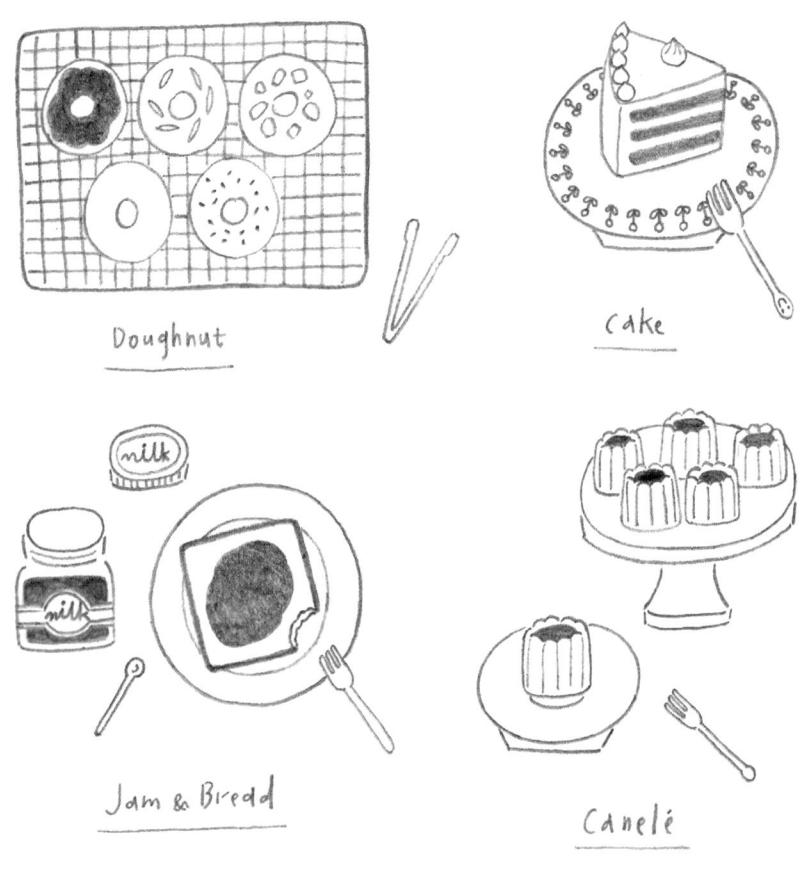

# 도넛

1

직사각형의 튀김 철망 외곽선을 그려주세요.

2

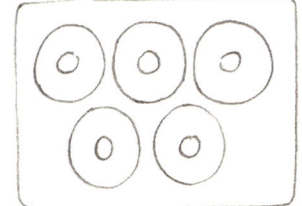

원형의 도넛 링 다섯 개를 그려주세요.

3

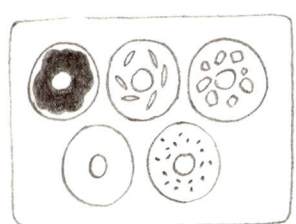

도넛마다 특징이 있는 모양을 각각 그려주세요.

4

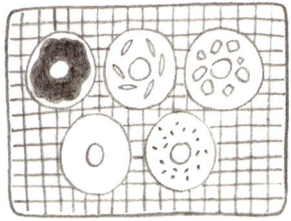

철망의 안쪽에 격자무늬를 촘촘히 그려주세요.

5

'V' 모양의 집게를 비스듬히 그려주세요.

# 조각 케이크

1

밑면이 둥근 모양의 삼각형을 옆으로 그려주세요.

2

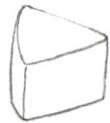

삼각형 아래로 옆면을 그려주세요.

3

윗면의 둥근 쪽 가장자리에 물방울 모양의 작은 크림을 촘촘히 그려주세요.

4

중앙에도 큰 크림을 그린 후, 끝에서부터 세 갈래로 꼬인 모양을 표현해주세요.

5

옆면에 일정한 간격으로 세 개의 케이크 시트를 층층이 그려주세요.

6

손잡이 부분이 동그란 포크를 그리고, 스마일을 그려주세요.

7

케이크 아래에 타원형의 접시를 그린 후, 낮은 받침을 그려주세요.

8

접시의 가장자리 둘레에 작은 꽃 모양 패턴을 촘촘히 그려주세요.

## 잼과 빵

1

정사각형의 식빵을 그려줍니다. 한쪽 모서리는 안쪽으로 울퉁불퉁하게 그려서 한입 베어 문 모양을 표현해주세요.

2

테두리를 두껍게 칠한 후, 한입 베어 문 부분을 한 겹 더 그려서 입체감을 살려주세요.

3

식빵의 윗면에 둥글고 넓적한 모양의 잼을 칠해주세요.

4

포크를 비스듬히 그려주세요.

5

식빵 아래에 접시를 그리고, 안쪽에는 조금 연하게 원형을 그려주세요.

6

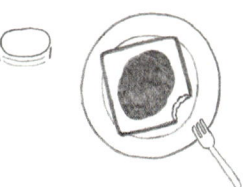

잼을 그려줍니다. 타원형의 병 입구를 그리고 아래쪽에 목을 그려주세요.

7

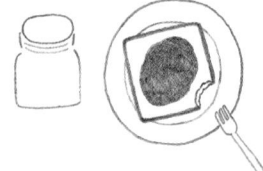

목 아래에 병의 몸체를 그려주세요.

8

가운데가 둥근 모양의 라벨을 겹으로 그려주세요. 그리고 중앙에 영어 milk를 레터링 해줍니다.

9

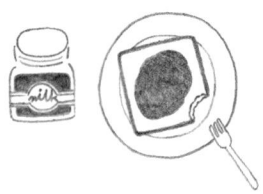

병의 안쪽에 간격을 두고 잼을 칠해주세요.

10

잼 뚜껑을 그려줍니다. 타원형을 겹으로 그려주세요.

11

옆면을 그린 후, 촘촘히 선을 그려주세요. 그리고 윗면에 영어 milk를 레터링 해주세요.

12

잼 병 옆에 작은 스푼을 그려주세요.

# 까눌레

1

윗면이 네 갈래로 동그랗게 갈라지는 모양의 외곽선을 그려주세요.

2

아래쪽으로 둥글게 볼록한 선을 그려서 윗면과 옆면을 나누어주세요.

3

윗면의 가운데를 둥글게 칠해주고, 갈래를 따라 옆면에 선을 그려주세요.

4

1~3번 순서대로 네 개의 까눌레를 더 그려주세요.

5

아래쪽에 케이크 스탠드를 그려줍니다. 까눌레의 둘레에 타원형을 그린 후, 옆면을 그려주세요.

6

아래로 갈수록 넓어지는 모양의 스탠드 대를 그려주세요.

7

1~3번 순서대로 까눌레를 하나 그려준 후, 둘레에 타원형 접시를 그려주세요.

8

접시의 아래쪽에 낮은 받침을 그려주세요. 그리고 손잡이가 동그란 모양의 포크를 비스듬히 그려줍니다.

# strawberry dessert

## 딸기 디저트

어디선가 본 '딸기는 항상 옳아요!'라는 말이 떠올랐어요.
딸기 자체만으로도 맛있지만 다양한 디저트와 함께하면 그 맛은 배가 되겠죠.
자료 수집을 통해서 실제와 가깝게 묘사하려고 노력해보세요.
좀 더 디테일하게 표현할수록 풍부한 결과물이 나올 거예요.

# 딸기 타르트

사용한 색연필

### 1

황토색으로 크림을 그려주세요. 밑면이 둥근 모양의 삼각형을 옆으로 그린 후, 그 밑에 각진 옆면을 그려줍니다.

### 2

크림 둘레에 간격을 두고 황토색으로 타르트를 그려주세요. 둥근 쪽 면은 볼록볼록한 모양으로 그려줍니다.

### 3

크림 위에 빨간색으로 딸기 외곽선을 그려주세요. 삼각면의 넓은 쪽에서부터 좁은 쪽으로 순서대로 그려주세요.

### 4

딸기 사이사이에 밝은 빨간색으로 타원형의 라즈베리를 그려주세요.

### 5

라즈베리에 진빨간색으로 작은 동그라미를 촘촘히 덧그려 열매의 표면을 표현해주세요.

### 6

타르트 가운데에 둘레가 동그랗게 갈라진 모양의 잎을 두 개 그려주세요. 초록색으로 그리고, 암녹색으로 잎맥을 덧그려줍니다.

**7**

딸기의 바탕 면을 빨간색으로 칠해주고, 진빨간색으로 외곽선을 덧그려주세요.

**8**

암갈색으로 딸기의 외형을 따라 씨를 고르게 그려주세요.

**9**

타르트의 볼록볼록한 둘레 절반 정도만 황토색으로 칠해주세요.

**10**

타르트의 나머지 바탕 면을 진황색으로 칠해주세요.

**11**

아이보리색으로 모서리 선을 피해서 크림의 바탕 면을 칠해주세요.

**12**

연갈색으로 타르트의 전체 외곽선을 덧그려주세요. 볼록볼록한 면은 둥근 부분만 연하게 덧그려줍니다.

## 딸기 롤 케이크

사용한 색연필

- Goldenrod
- Crimson Lake
- Blush Pink
- Grass Green
- Crimson Red
- Apple Green
- Light Peach
- Sand
- French Grey 20%

1

진황색으로 동그랗게 말린 모양의 롤 케이크 외곽선을 그려주세요.

2

안쪽에 간격을 두고 아이보리색으로 선을 한 번 더 그려주세요.

3

롤빵 위쪽에 약간의 간격을 두고 빨간색으로 딸기를 그려주세요. 그 양옆에 연살구색으로 물방울 모양의 크림을 그려줍니다. 끝이 뾰족하고 밑면이 볼록볼록한 모양으로 딸기에 가려지게 그려주세요.

4

딸기 위쪽에 뾰족하게 갈라지는 모양의 꼭지를 그려주세요. 풀색으로 그린 후, 초록색으로 연하게 덧칠해줍니다. 그리고 딸기 면에 진황색으로 씨를 고르게 그려주세요.

5

딸기의 바탕 면을 빨간색으로 꼼꼼히 칠해주세요. 그리고 외곽선과 씨의 둘레를 진한 빨간색으로 덧그려주세요.

6

크림의 바탕 면을 연살구색으로 칠해주고, 연회색으로 갈라진 결을 덧그려주세요. 꼭지에서부터 밑면의 볼록한 갈래까지 둥글게 휘어지게 그려줍니다.

7

연분홍색으로 크림의 결을 덧그려주세요.

8

진황색으로 롤빵의 외곽선을 좀 더 두껍게 그려주고, 안쪽 바탕 면을 아이보리색으로 칠해주세요.

9

롤빵의 양옆 외곽선에서부터 크림까지 비스듬히 이어주고 바탕 면을 진황색으로 꼼꼼히 칠해주세요.

## 딸기 레드벨벳 머핀

**사용한 색연필**

Goldenrod · Warm Grey 50% · Grass Green · Apple Green · Crimson Red
Crimson Lake · Magenta · Lilac · Beige

1

진빨간색으로 끝이 볼록한 컵 모양의 머핀 외곽선을 그려주세요.

2

머핀 윗면에 가장 아래층의 크림을 베이지색으로 그려주세요. 둥글고 길쭉한 모양으로 한쪽 끝을 위로 뾰족하게 올라가도록 그려주세요.

3

아래층과 같은 모양으로 폭이 더 좁은 크림을 베이지색으로 한층 더 그려주세요. 그리고 세 번째 층은 한쪽 끝만 둥글게 그려줍니다.

4

크림 끝에 옆으로 누운 딸기를 빨간색으로 그려주세요.

5

크림의 층마다 뾰족한 끝에서부터 길게 휘어지는 선을 베이지색으로 두 개씩 그려주세요.

6

크림의 가장 아래층은 가운데를 비워두고 양 가장자리 면을 베이지색으로 칠해주세요. 두 번째 층은 가운데 면을 칠해주고, 세 번째 층은 가장자리 면을 칠해주세요.

7

6번의 외곽선을 연보라색으로 연하게 덧그려주세요.

8

딸기 면에 진황색으로 씨를 고르게 그려주세요.

9

딸기의 바탕 면을 빨간색으로 칠해주고, 진빨간색으로 씨의 둘레를 덧그려주세요.

10

딸기의 꼭지를 풀색으로 그려주세요. 끝이 뾰족한 모양으로 위쪽으로 휘어지게 그린 후, 초록색으로 외곽선을 덧그려주세요.

11

머핀의 바탕 면을 진빨간색으로 꼼꼼히 칠해주세요.

12

머핀의 둥근 윗면 아래부터 진회색으로 종이컵을 그려줍니다. 일정한 간격으로 세로 선을 덧그려주세요.

13

12번의 사이사이에 아래로 볼록한 선을 진회색으로 그려주세요. 그리고 선을 피해 면을 자주색으로 덧칠해줍니다.

## 딸기 크레페

### 1

아이보리색으로 삼각 모양의 크레페를 그려줍니다. 밑부분은 안쪽으로 둥글게 말리는 모양으로 그려주세요.

### 2

안쪽 선 둘레에 베이지색으로 크림을 촘촘히 그려주세요. 끝이 뾰족한 물방울 모양으로 그려줍니다.

### 3

크림 사이사이에 빨간색으로 딸기를 그려주세요.

### 4

딸기 사이사이에 베이지색으로 크림을 한 층 더 그려주세요.

### 5

크림의 바탕 면을 베이지색으로 연하게 칠해주세요.

### 6

연회색으로 크림의 외곽선을 덧그려주세요. 뾰족한 끝에서부터 휘어지는 모양의 선을 같은 방향으로 그려줍니다. 그리고 선을 피해서 흰색으로 면을 진하게 섞듯이 덧칠해주세요.

7

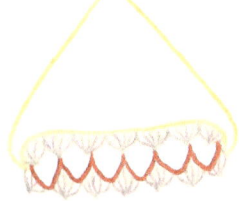

연보라색으로 크림의 외곽선을 덧그려줍니다. 강약으로 힘을 조절하며 그려주세요.

8

딸기의 바탕 면을 빨간색으로 칠해주고, 암갈색으로 씨를 고르게 그려주세요.

9

크레페의 바탕 면을 아이보리색으로 꼼꼼히 칠해주세요.

10

황토색으로 크레페의 가장자리를 피해 연하게 덧칠해주세요. 그리고 진황색으로 외곽선을 덧그려줍니다.

11

적갈색으로 구불구불한 모양의 초콜릿 시럽을 두껍게 그려주세요.

## 딸기 조각 케이크

**사용한 색연필**
Goldenrod  French Grey 20%  Crimson Red  Yellow Ochre
Burnt Ochre  Dark Brown  Lilac  Beige

**1** 연회색으로 윗면이 비스듬하고 아래가 각진 모양의 조각 케이크 외곽선을 그려주세요. 딸기를 그려넣을 윗면의 가장자리는 비워주세요.

**2** 옆면에 간격을 두고 직각인 선을 연회색으로 그려 면을 나누어주세요.

**3** 황토색으로 얇은 케이크 시트를 그려줍니다. 일정한 간격으로 층층이 그려주세요.

**4** 빨간색으로 시트 사이에 누운 딸기를 세 개씩 그려주세요. 그리고 윗면의 비워둔 부분에는 딸기를 거꾸로 그려줍니다.

**5** 딸기 둘레에 베이지색으로 물방울 모양의 작은 크림을 그려주세요.

**6** 크림의 바탕 면을 베이지색으로 칠해주세요.

7

연회색으로 크림의 외곽선을 덧그리고 뾰족한 끝에서부터 같은 방향으로 휘어지는 선을 두 개씩 그려주세요. 그리고 연보라색으로 힘 조절을 하면서 덧그려줍니다.

8

딸기의 바탕 면을 빨간색으로 칠해주고, 암갈색으로 씨를 고르게 그려주세요.

9

시트의 바탕 면을 황토색으로 칠한 후, 진황색으로 바깥쪽 끝부분을 덧칠해주세요.

10

연갈색으로 시트의 외곽선을 덧그려주세요. 그리고 케이크 윗면의 가장자리 둘레를 베이지색으로 두껍게 칠해주세요.

11

케이크 크림의 외곽선을 강약으로 힘 조절을 하면서 연보라색으로 덧그려주세요.

# 딸기 팬케이크

### 사용한 색연필

---

**1**

위가 뚫린 타원형의 팬케이크를 아이보리색으로 그려주세요. 그 아래에 세 개가 겹쳐진 모양으로 층층이 더 그려줍니다.

**2**

윗면의 비워둔 부분 안쪽에 빨간색으로 딸기 세 개를 거꾸로 그려주세요. 그 사이사이에 가려진 딸기 네 개를 더 그려줍니다.

**3**

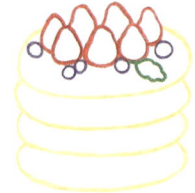

딸기 둘레에 보라색으로 동그란 블루베리를 듬성듬성 그려주세요. 그리고 초록색으로 둘레가 동그랗게 갈라지는 모양의 잎을 그려줍니다.

**4**

크림색으로 딸기 둘레에서부터 네 갈래로 흘러내리는 모양의 시럽을 그려줍니다. 윗면은 완만하게 그리다가 옆면으로 넘어갈 때 직각으로 꺾어 그려주세요. 아래로 갈수록 좁게 그리고 끝은 물방울 모양으로 마무리합니다.

**5**

흰색으로 시럽 전체를 섞듯이 덧칠해주세요. 그리고 딸기의 바탕 면을 빨간색으로 칠한 후, 진빨간색으로 외곽선을 덧그려줍니다.

**6**

암갈색으로 딸기 씨를 고르게 그려주세요.

7

블루베리의 가운데에 검은색으로 별 모양 선을 그린 후, 안쪽을 남색으로 칠해주세요.

8

블루베리의 바탕 면을 보라색으로 칠해주고, 남보라색으로 일부분만 덧칠해주세요.

9

잎의 바탕 면을 초록색으로 칠해주고, 암녹색으로 잎맥을 덧그려주세요.

10

팬케이크 사이사이에 연살구색으로 슬라이스한 딸기를 네 개씩 그려주세요.

11

딸기의 가운데를 긴 삼각 모양으로 남겨두고 주홍색으로 덧칠해주세요.

12

딸기의 가장자리를 빨간색으로 두껍게 덧칠해주세요.

13

진황색으로 팬케이크의 바탕 면을 꼼꼼히 칠해주세요.

14

연갈색으로 팬케이크의 외곽선을 덧그려주세요. 그리고 가장자리 둘레를 피해서 안쪽 면을 덧칠해주세요.

15

크림색과 흰색으로 흘러내린 시럽의 모양을 한 번 더 선명하고 깔끔하게 정리해주세요.

# apricot milk

## 살구 우유

옅은 주황색 빛이 무척 사랑스러운 살구 우유예요.
잘 익은 살구를 듬뿍 넣어 만든 부드러운 살구 우유를 상상하면서
오일 파스텔로 그려보세요.

사용한 오일 파스텔

Pale Blue    Yellow Orange    Green    White    Ocher

Pale Orange Light    Salmon Pink    Pale Orange    Light Grey

사용한 색연필

Warm Grey 50%    Cool Grey 50%    Black    White

1

살구 우유 병부터 그려줍니다. 먼저 살구색 오일 파스텔로 살짝 기울어진 하트 모양의 살구 외형을 그려주세요.

2

흰색 오일 파스텔로 살구의 아랫부분과 한쪽 옆면의 가장자리를 피해서 둥글게 덧칠해주세요. 그리고 흰색 색연필로 가운데를 둥글게 긁은 후, 황토색 오일 파스텔로 꼭지를 그려주세요.

3

하늘색 오일 파스텔로 살구를 중심으로 아래쪽이 더 넓은 직사각형의 라벨을 칠해주세요.

4

검은색 색연필로 살구 아랫부분에 영어 apricot milk를 레터링 해주세요. 그리고 흰색 색연필로 라벨의 위아래 중앙에 선을 긁고, 'apricot'를 가운데 두고 { } 중괄호를 긁어줍니다.

5

연살구색 오일 파스텔로 라벨의 위아래에 직사각형의 우유를 칠해주세요. 라벨보다 조금 안쪽으로 그리고, 위쪽의 우유를 조금 더 길게 그려줍니다.

6

흰색 오일 파스텔로 우유의 위쪽 경계를 섞듯이 덧칠해주세요. 살구색 오일 파스텔로 바닥 부분을 덧칠하고, 밝은 살구색 오일 파스텔로 그 경계를 섞듯이 위쪽으로 덧칠해 그러데이션으로 표현해주세요.

7

연회색 오일 파스텔로 라벨의 외곽선에 맞춰 병을 그려주세요.

8

밝은 주황색 오일 파스텔로 윗면이 타원형인 뚜껑을 그려주세요. 그리고 흰색 색연필로 둥글게 테두리를 긁어 윗면과 옆면을 나누어주세요.

9

진회색 색연필로 뚜껑의 윗면에 영어 apricot를 레터링해주세요. 그리고 옆면에 세로로 촘촘히 패턴을 그려줍니다.

10

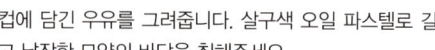

컵에 담긴 우유를 그려줍니다. 살구색 오일 파스텔로 길고 납작한 모양의 바닥을 칠해주세요.

**11**

밝은 살구색 오일 파스텔로 10번의 경계를 덧칠하며 위쪽으로 그러데이션을 해주세요.

**12**

연살구색 오일 파스텔로 11번의 경계를 덧칠하며 위쪽으로 그러데이션을 해주세요. 이 부분은 다른 색보다 더 넓게 칠해줍니다. 그리고 흰색 오일 파스텔로 위쪽 경계를 덧칠해 그러데이션을 마무리해주세요.

**13**

우유의 외곽과 간격을 두고, 연회색 오일 파스텔로 컵을 그려주세요. 이때 컵 입구의 가운데 지점을 짧게 비워둡니다.

**14**

컵 입구의 약간 위쪽에 빨대에 달린 살구를 1번, 2번 순서대로 그려줍니다. 꼭지 옆에 초록색 오일 파스텔로 작은 잎을 그린 후, 흰색 색연필로 잎맥을 긋어주세요.

**15**

회색 색연필로 컵 입구의 비워둔 부분과 살구에 맞추어 빨대를 비스듬히 그려주세요.

# chiffon cake

## 시폰 케이크

촉촉하고 부드러운 질감의 시폰 케이크는 달콤한 크림과 함께하면 더 맛있어요.
한입 베어 물면 입 안 가득 기분 좋은 향이 퍼져요.
그 달콤함을 떠올리면서 부드러운 질감을 살려 그려보세요.
이 그림에서는 흘러내리는 크림을 몽글몽글한 느낌으로 표현하는 것이 중요해요.

## 사용한 오일 파스텔
- Pale Blue
- Yellow Green
- Green
- White
- Ocher
- Crimson Lake
- Yellow Ocher
- Pale Brown
- Brown

## 사용한 색연필
- Spanish Orange
- Goldenrod
- Warm Grey 20%
- Cool Grey 50%
- Grass Green
- Light Peach
- White

**1**

가운데가 동그랗게 뚫린 모양의 케이크 밑그림을 그려줍니다. 먼저 타원형의 윗면을 연살구색 색연필로 그린 후, 안쪽에 작은 타원형을 하나 더 그려주세요.

**2**

작은 타원형 안쪽과 큰 타원형 아래쪽에 둥근 옆면을 연살구색으로 그려주세요.

**3**

연살구색으로 윗면에서 옆면으로 흘러내리는 크림을 그려줍니다. 윗면의 가장자리에서 여러 갈래로 갈라지는 곡선을 옆면까지 그려주세요. 케이크의 밑면보다 더 아래로 둥글게 그려서 바닥까지 흘러내린 모양을 표현해주세요.

**4**

연살구색으로 구멍의 안쪽 면도 윗면의 가장자리에서부터 여러 갈래로 흘러내리는 모양을 그려주고 밑그림을 마무리합니다.

**5**

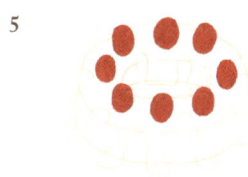

윗면에 밝은 빨간색 오일 파스텔로 타원형의 산딸기를 그려주세요. 사방으로 그린 후, 사이사이에 하나씩 더 그려줍니다.

**6**

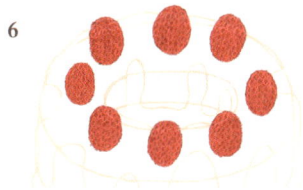

산딸기 면 전체에 흰색 색연필로 알갱이를 빼곡히 굵어주세요. 가장자리 둘레에 작은 타원형을 줄줄이 이어 굵은 후, 나머지 부분을 채워줍니다.

7

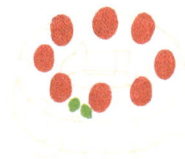

둘레가 세 갈래로 갈라지는 모양의 작은 잎을 산딸기 주변에 그려주세요. 연두색 오일 파스텔로 그린 후, 초록색 오일 파스텔로 덧칠해줍니다.

8

잎 중앙에 흰색 색연필로 잎맥을 긋어주세요. 나머지 산딸기 주변에도 여러 방향으로 연두색과 초록색 오일 파스텔로 잎을 그려줍니다.

9

베이지색 오일 파스텔로 크림의 바탕 면을 연하고 거칠게 칠해주세요.

10

9번을 흰색 오일 파스텔로 섞듯이 문질러 외곽선까지 번지게 덧칠해주세요.

11

9번, 10번 순서대로 크림의 전체 바탕 면을 베이지색 오일 파스텔로 칠해주고, 흰색 오일 파스텔로 외곽선까지 번지게 덧칠해주세요. 그리고 연주황색 색연필로 크림의 바닥 쪽 외곽선을 덧그려주세요.

12

초록색 색연필로 잎의 외곽선을 덧그려 깔끔하게 정리해주세요. 그리고 둥글게 휘어지는 모양의 줄기를 그려주세요.

13

케이크의 바탕 면을 황토색 오일 파스텔로 칠해줍니다. 색연필로 그려놓은 밑그림 선도 안 보이게 덧칠해주세요.

14

갈색 오일 파스텔로 옆면과 안쪽 옆면을 덧칠해주세요. 그리고 흰색 색연필로 모서리 선을 둥글게 긋어서 면을 나누어주세요.

15

연회색 색연필로 도마 위에 깐 패브릭의 외곽선을 그려주세요. 끝부분이 아래쪽으로 늘어진 모양으로 그려줍니다.

16

진황색 색연필로 도마를 그려줍니다. 끝이 둥근 직사각형을 패브릭 바깥으로 나오게 그린 후, 손잡이를 그려주세요. 그리고 옆면과 손잡이의 구멍을 그려줍니다.

17

도마의 바탕 면을 밝은 황토색 오일 파스텔로 칠해주세요.

18

흰색 색연필로 도마의 모서리 선을 긋어 윗면과 옆면을 나누어주세요. 그리고 회색 색연필로 손잡이 구멍 안쪽을 덧그려주세요.

19

하늘색 오일 파스텔로 패브릭의 바탕 면에 일정한 간격으로 줄무늬를 그려줍니다. 케이크 구멍의 안쪽에도 그려주세요.

# ade

**에이드**

여름에 외출을 하면 에이드 한잔은 꼭 마시는 것 같아요.
더위에 지친 몸에 청량감을 주는 동시에 달콤한 맛으로 기분도 좋아져요.
다양한 과일만큼 다양한 색감을 사용할 수 있어서 눈이 즐거운 그림이에요.

## 복숭아 에이드

1

아래로 갈수록 좁아지는 모양의 컵을 회색으로 그려주세요. 그 안쪽에 일정한 간격을 두고 살구색으로 에이드를 그려줍니다.

2

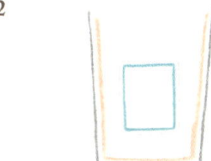

긴 직사각형의 라벨을 그려줍니다. 연회색으로 외곽선을 그리고, 안쪽 가장자리 둘레를 청록색으로 그려주세요.

3

라벨 위쪽에 살구색으로 하트 모양의 복숭아를 연하게 그려주세요. 그리고 분홍색으로 중심에서 조금 벗어난 지점에 곡선을 그려주세요.

4

중심선을 기준으로 양쪽 면을 연분홍색으로 동그랗게 덧칠해주세요. 이때 위쪽 둘레와 더 넓은 면의 가장자리는 피해서 칠해주세요. 그리고 진황색으로 꼭지를, 초록색으로 작은 잎을 그려줍니다.

5

복숭아 아래에 연주황색으로 끝이 갈라진 리본을 그리고, 검은색으로 영어 peach를 레터링 해주세요.

6

컵 위로 수북이 쌓인 복숭아 조각을 그려주세요. 연분홍색과 살구색으로 사각형 또는 육각형을 섞어 그려줍니다.

7

복숭아 조각 면에 분홍색으로 모서리 선을 여러 방향으로 그려주세요.

8

복숭아 조각 아래에서 컵의 절반 정도까지 얼음 조각을 빼곡히 그려주세요. 연하늘색으로 사각형 또는 육각형을 섞어 그려주세요.

9

얼음 조각 면에 파란색으로 모서리 선을 여러 방향으로 그려주세요.

10

컵의 바탕 면을 살구색으로 꼼꼼히 칠해주세요.

11

회색으로 뚜껑을 그려줍니다. 먼저 뚜껑의 둥근 밑면을 컵보다 넓게 그려주세요. 그리고 복숭아 조각 위쪽에 간격을 두고 좁은 빨대 입구를 그려줍니다.

12

회색으로 빨대 입구의 양끝과 밑면의 양끝을 둥글게 이어주세요.

13

빨대 구멍에 맞춰서 초록색으로 두꺼운 빨대를 그려줍니다.

## 블루베리 에이드

사용한 색연필

### 1

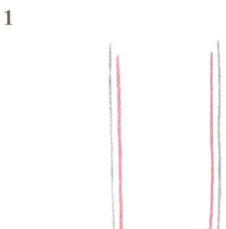

회색으로 직각의 긴 컵을 그려주세요. 그 안쪽에 일정한 간격을 두고 자주색으로 에이드를 그려줍니다.

### 2

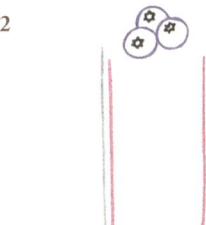

컵의 위쪽에 둥근 블루베리 세 개가 겹쳐진 모양을 보라색으로 그려줍니다. 그리고 검은색으로 각각 다른 위치에 별 모양을 그려주세요.

### 3

블루베리의 바탕 면을 보라색으로 칠해주고, 군청색으로 별 모양 안쪽을 칠해주세요.

### 4

남보라색으로 별 모양의 아래쪽 부분만 가장자리를 피해 둥글게 덧칠해주세요.

### 5

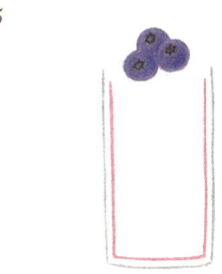

블루베리 아래쪽에서 컵의 절반 정도까지 연하늘색으로 사각형 또는 육각형의 얼음 조각을 섞어 그려주세요.

### 6

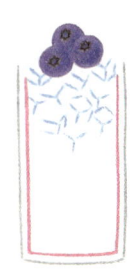

얼음 조각 면에 파란색으로 모서리 선을 여러 방향으로 그려주세요.

7

에이드의 바탕 면을 자주색으로 꼼꼼히 칠해주세요.

8

에이드 바닥에서 절반 정도를 보라색으로 연하고 부드럽게 덧칠해주세요.

9

바닥에서 8번의 절반이 조금 못 되는 지점까지 남보라색으로 부드럽게 덧칠해서 그러데이션을 완성해주세요.

10

블루베리 양옆에 둘레가 볼록하게 갈라진 모양의 잎을 그려줍니다. 초록색과 연두색으로 잎을 그린 후, 암녹색으로 잎맥을 덧그려주세요.

11

회색으로 컵 끝에 타원형의 입구 외곽선을 그려주세요.

# 자몽 에이드

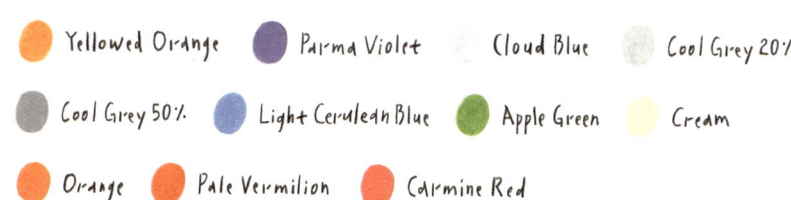

1

회색으로 끝이 안쪽으로 둥글게 휘어진 컵을 그려주세요. 그 안쪽에 일정한 간격을 두고 주황색의 에이드를 그려줍니다.

2

안쪽에 주홍색으로 반달 모양의 자몽 알맹이를 비스듬히 그려주세요.

3

빨간색으로 자몽의 조각을 덧그려줍니다. 면을 다섯 등분하여 선을 그리고, 조각마다 둥글게 외곽선을 그려주세요.

4

일정한 간격을 두고 밝은 주황색으로 껍질을 그려주세요. 그리고 간격 부분을 크림색으로 칠해주세요.

5

아래쪽에 2~4번 순서대로 비스듬한 자몽을 하나 더 그려주세요.

6

연하늘색으로 얼음 조각을 듬성듬성 그려줍니다. 사각형 또는 육각형으로 크기를 달리하여 그려주세요.

7

얼음 조각 면에 파란색으로 모서리 선을 여러 방향으로 그려주세요.

8

자몽의 양옆에 허브 잎을 비스듬히 그려줍니다. 풀색으로 줄기를 길게 그린 후, 그 끝과 양옆으로 타원형의 잎을 그려주세요.

9

에이드의 바탕 면을 주황색으로 꼼꼼히 칠해주세요.

10

회색으로 컵의 목과 타원형의 입구를 그리고, 연회색으로 컵의 목에 선을 그려주세요. 그리고 회색으로 각진 손잡이를 그려주세요.

11

보라색으로 꺾인 모양의 빨대를 그려주세요. 컵 안쪽에도 각도를 잘 맞춰서 내용물 사이의 빨대를 그려줍니다.

# 수박 에이드

**사용한 색연필**

1

회색으로 직각의 컵을 그려주세요. 그 안쪽에 일정한 간격을 두고 주홍색으로 에이드를 그려줍니다.

2

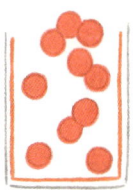

밝은 빨간색으로 동그란 모양의 수박을 그린 후, 빨간색으로 외곽선을 덧그려줍니다. 두세 개가 겹쳐 있는 모양 또는 따로 있는 모양 등을 불규칙하게 그려주세요.

3

컵의 위쪽에 수박 조각을 그려줍니다. 먼저 밝은 빨간색으로 수박의 외곽선을 거꾸로 비스듬히 그려주세요. 그리고 암갈색으로 물방울 모양의 씨를 그린 후, 밝은 빨간색으로 바닥 면을 칠해줍니다.

4

수박 조각의 끝에 크림색으로 속살을 그려주세요. 그리고 연두색과 초록색 순서로 껍질을 이어 그려줍니다.

5

연하늘색으로 육각형의 얼음 조각을 듬성듬성 그려줍니다. 그리고 파란색으로 세 개의 모서리 선을 그려주세요.

6

둘레가 뾰족하게 갈라진 잎을 컵 안쪽과 위쪽에 그려줍니다. 초록색과 연두색 두 가지로 나누어 그린 후, 암녹색으로 잎맥을 덧그려주세요.

7

주홍색으로 에이드의 윗면을 둥글게 그려주고 바탕 면을 꼼꼼히 칠해주세요.

8

회색으로 타원형의 컵 입구를 그려줍니다. 수박 조각의 절반 정도에도 입구 선을 덧그려서 컵에 꽂힌 모양을 표현해주세요.

9

연회색으로 빨대를 곧게 그려주세요. 그리고 사선 패턴을 파란색으로 일정한 간격으로 칠해주세요.

# 레모네이드

사용한 색연필

### 1

회색으로 아래로 갈수록 좁아지는 컵을 그려주세요. 그 안쪽에 일정한 간격을 두고 레몬색으로 에이드를 그려주세요.

### 2

레몬색으로 컵 끝에 걸쳐서 원형의 레몬을 그려주세요.

### 3

연주황색으로 레몬의 면을 나누어주세요. 절반으로 나눈 후, 각각 다섯 등분으로 나누어 총 열 개의 면을 그려주세요.

### 4

레몬의 둘레에 간격을 두고 노란색으로 두꺼운 껍질을 그린 후, 밝은 연두색으로 덧칠해주세요. 그리고 크림색으로 간격을 칠해줍니다.

5

연주황색으로 레몬의 조각마다 둥글게 외곽선을 그려주세요.

6

레몬색으로 컵 아래쪽에 반달 모양의 레몬 조각을 비스듬히 그리고, 겹쳐진 조각을 하나 더 그려주세요.

7

레몬 조각의 면을 다섯 등분으로 나누고 4번, 5번 순서대로 마무리해주세요.

8

연하늘색으로 얼음 조각을 듬성듬성 그려줍니다. 사각형 또는 육각형으로 크기를 다르게 하여 그려주세요.

9

얼음 조각 면에 파란색으로 모서리 선을 여러 방향으로 그려주세요.

10

레몬색으로 에이드의 바탕 면을 꼼꼼히 칠해주세요.

**11**

회색으로 타원형의 컵 입구 외곽선을 그려줍니다.

**12**

레몬 위쪽에 초록색으로 허브 잎을 그려주세요. 비스듬히 긴 줄기를 그린 후, 양옆으로 잎을 촘촘히 그려주세요.

**13**

파란색으로 꺾인 빨대를 그려주세요. 컵 안쪽에도 각도를 잘 맞춰서 내용물 사이의 빨대 선을 그려줍니다.

# 블루 레모네이드

### 사용한 색연필

1

회색으로 직각의 컵을 그려주세요. 그 안쪽에 일정한 간격을 두고 청록색으로 에이드를 그려줍니다.

2

컵과 간격을 두고 레몬색으로 타원형의 레몬을 그린 후, 연주황색으로 면을 나누어줍니다. 절반으로 나누고, 각각 다섯 등분하여 총 열 개의 면을 그려주세요.

3

레몬의 둘레에 간격을 두고 노란색으로 두꺼운 껍질을 그린 후, 밝은 연두색으로 덧칠해주세요. 크림색으로 간격을 칠해주고, 연주황색으로 레몬의 조각마다 둥글게 외곽선을 그려주세요.

4

레몬의 가운데부터 컵의 1/3 정도까지 연하늘색으로 얼음 조각 더미를 그려주세요. 사각형 또는 육각형으로 크기를 다르게 하여 그려줍니다.

5

얼음 조각 면에 파란색으로 모서리 선을 여러 방향으로 그려주세요.

**6**

에이드의 바탕 면을 청록색으로 꼼꼼히 칠해주세요.

**7**

얼음 더미 위에 허브 잎을 그려줍니다. 밝은 연두색으로 줄기를 비스듬히 그린 후, 초록색으로 긴 잎을 촘촘히 그려주세요.

**8**

회색으로 컵의 목 부분을 그려주세요. 먼저 양옆에 작은 괄호 모양을 두 개씩 그리고, 그 사이를 완만한 곡선으로 이어지도록 그려주세요.

**9**

회색으로 타원형의 입구를 그리고, 목 부분 가운데에 연회색으로 곡선을 그려주세요.

**10**

컵의 바닥에서 절반 정도를 파란색으로 연하게 덧칠해주세요.

**11**

바닥에서 10번의 절반 정도 되는 지점까지 군청색으로 덧칠해 그러데이션을 완성해주세요.

## 조각 케이크

케이크의 단면을 보면 먹음직스러움이 배가 되는 것 같아요.
층층이 쌓아 올린 시트와 크림 위로 수북이 올린 과일 조각 케이크를 순서대로 천천히 그려보세요.
단면의 크림 질감과 겹겹이 얹은 과일을 서로 잘 어울리게 그리는 것이 포인트입니다.

## 사용한 오일 파스텔

- Red
- Purple
- Pink
- Yellow Green
- Orchid Pink
- Green
- White
- Ocher
- Pale Orange Light
- Crimson Lake
- Rose Madder
- Light Grey
- Prussian Blue Light
- Dark Green
- Yellow Ocher

## 사용한 색연필

- Sunburst Yellow
- Pink
- Black
- White

**1** 
긴 직사각형의 크림을 그려줍니다. 연살구색 오일 파스텔로 그린 후, 흰색 오일 파스텔로 섞듯이 덧칠해주세요.

**2**
크림에 섞인 딸기잼 덩어리를 그려주세요. 진분홍색 오일 파스텔로 긴 물방울 모양을 불규칙하게 그린 후, 흰색 오일 파스텔로 끝부분만 번지듯이 덧칠해주세요.

**3** 
크림과 같은 높이의 간격을 두고 1번, 2번 순서대로 크림을 한 층 더 그려주세요.

**4**
크림의 위아래에 밝은 황토색 오일 파스텔로 시트를 그려주세요. 그리고 한쪽 끝부분을 황토색 오일 파스텔로 덧칠해주세요.

**5**
시트의 위쪽에 간격을 두고 크림을 그려줍니다. 분홍색 오일 파스텔로 둘레가 볼록한 모양의 둥근 크림을 그려주세요.

**6**
흰색 색연필로 크림의 면을 나누어줍니다. 중앙에서 볼록한 사이 지점까지 한쪽 방향으로 휘어지게 긋어주세요. 그리고 흰색 오일 파스텔로 면의 가운데를 둥글게 덧칠해주세요.

**7**

크림의 뒤쪽에 빨간색 오일 파스텔로 옆으로 누운 딸기를 그려주세요. 그리고 초록색 오일 파스텔로 꼭지를 그려줍니다.

**8**

암녹색 오일 파스텔로 꼭지를 덧칠하고, 연두색 오일 파스텔로 잎의 끝부분을 덧칠해주세요. 그리고 진노란색 색연필로 씨를 고르게 그려줍니다.

**9**

딸기 뒤쪽에 5번, 6번 순서대로 크림을 하나 더 그려주세요.

**10**

크림 뒤쪽에 밝은 빨간색 오일 파스텔로 둥근 모양의 산딸기를 그려줍니다. 그리고 흰색 색연필로 딸기와 산딸기의 경계선을 긁어주세요.

**11**

산딸기 면에 흰색 색연필로 작은 타원형을 빼곡히 긁어 열매의 표면을 표현해주세요.

**12**

크림 뒤쪽에 포도를 두 개 겹쳐 그려주세요. 자주색 오일 파스텔로 그린 후, 흰색 색연필로 경계선을 긁어 면을 나누어주세요.

**13**

밝은 남색 오일 파스텔로 포도를 연하게 덧칠해주세요. 그리고 끝부분에 흰색 색연필로 작은 별 모양 꼭지를 그어줍니다.

**14**

연분홍색 오일 파스텔로 케이크 겉면의 크림을 칠해줍니다. 포도 아래쪽의 빵을 감싸듯이 두껍게 칠해주고, 반대쪽 끝부분은 사선으로 그려주세요.

**15**

동그란 크림의 외곽선을 분홍색 색연필로 깔끔하게 덧그려주세요.

**16**

연회색 오일 파스텔로 아래로 갈수록 두꺼워지는 포크대를 그려주세요.

**17**

연회색 오일 파스텔로 세 갈래의 포크 머리를 길게 그려주세요. 그리고 검은색 색연필로 대 끝에 영어 Happiness를 레터링 한 후, 흰색 색연필로 아래쪽을 그어주세요.

# chocolate dessert

## 초코 디저트

앞에 초코가 붙으면 더할 나위 없이 달콤한 디저트가 됩니다.
초코 쿠키, 초코 잼, 초코 빵, 초코 칩 민트 아이스크림까지.
색연필을 쥔 손에 강약을 조절하면서 다양한 초코 디저트를 그려보세요.

## 아몬드 초코 아이스크림

**사용한 색연필**
- Goldenrod
- Tuscan Red
- Burnt Ochre
- Beige
- Yellow Ochre

**1**
연갈색으로 아이스크림의 외곽선을 그려주세요. 위아래가 둥근 모양으로 길게 그리고 위쪽의 한쪽 끝부분을 비워주세요.

**2**
연갈색으로 한입 깨문 아이스크림의 외형을 그려줍니다. 먼저 위쪽 끝에서 아래로 아이스크림의 두께만큼 직선을 그려주세요. 그 선과 외곽선 사이에 구불구불한 선을 그려 이어주세요.

**3**
아이스크림 밑에 황토색으로 끝이 둥근 막대기를 그려주세요. 그리고 진황색으로 외곽선을 덧그려줍니다.

**4**
베이지색으로 아이스크림의 바탕 면과 외곽선에 아몬드 조각을 그려주세요. 불규칙한 모양의 작은 조각을 고르게 그려줍니다.

**5**
아이스크림의 바탕 면을 연갈색으로 아몬드를 피해서 꼼꼼히 칠해주세요.

**6**
연갈색으로 아몬드를 연하게 덧칠해주세요. 아몬드 면의 전체 또는 일부분을 불규칙적으로 칠해줍니다.

**7**
깨문 부분의 안쪽 면을 적갈색으로 칠해주세요.

**8**
아이스크림의 외곽선과 둥근 모서리 부분을 적갈색으로 덧그려주세요.

## 초코 쿠키

**사용한 색연필**

 Goldenrod    Tuscan Red
Burnt Ochre   Terra Cotta

**1**

울퉁불퉁한 모양의 둥근 쿠키를 진황색으로 그려주세요.

**2**

쿠키의 바탕 면과 외곽선에 걸쳐서 적갈색의 초코 칩을 고르게 그려주세요.

**3**

쿠키의 바탕 면을 진황색으로 꼼꼼히 칠해주세요.

**4**

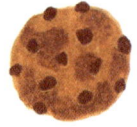

연갈색으로 쿠키의 아래쪽 가장자리 둘레와 안쪽 면의 군데군데를 덩어리지게 덧칠해주세요.

**5**

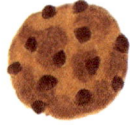

적갈색으로 초코 칩의 일부분과 아래쪽 둘레를 덧칠해주세요. 그리고 쿠키의 외곽선도 부드럽게 덧그려주세요.

## 코코아 아몬드 쿠키

**사용한 색연필**

 Tuscan Red   Sienna Brown
 Beige

**1**

입체적인 정사각형의 쿠키를 갈색으로 그려주세요.

**2**

바탕 면에 길쭉한 모양의 아몬드 조각을 베이지색으로 고르게 그려주세요.

**3**

**4**

아몬드를 피해서 쿠키의 바탕 면을 갈색으로 꼼꼼히 칠해주세요.

**5**

아몬드를 피해서 옆면을 적갈색으로 덧칠해주세요.

윗면의 아몬드 한쪽 둘레를 적갈색으로 진하게 덧그려주세요.

## 초코 에끌레르

사용한 색연필

1

적갈색으로 길고 끝이 둥근 모양의 초코를 그려주세요. 그 아래에 진황색으로 초코보다 좀 더 긴 빵을 그려줍니다.

2

초코의 바탕 면에 아이보리색으로 아몬드 조각을 고르게 그려주세요.

3

아몬드를 피해서 초코의 바탕 면을 적갈색으로 꼼꼼히 칠해주세요.

4

갈색으로 빵의 바탕 면에 일정한 간격으로 가로 선을 그려주세요. 빵의 외형을 따라 끝을 둥글게 그려줍니다.

5

선을 피해서 빵의 바탕 면을 진황색으로 꼼꼼히 칠해주세요.

## 누텔라 초코 잼

**사용한 색연필**

1

연회색으로 잼 뚜껑의 외곽선을 그려주세요. 위아래가 완만하게 둥글고 납작하게 그려줍니다.

2

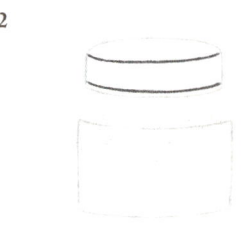

진회색으로 뚜껑의 위아래 모서리 둘레를 둥글게 그려주세요. 그리고 연회색으로 뚜껑 아래에 간격을 두고 더 넓은 라벨을 그려줍니다.

3

뚜껑의 끝에서 라벨 끝까지 갈색으로 사선을 그려주세요. 라벨의 밑부분도 아래쪽으로 좁아지는 모양의 바닥을 그려줍니다.

4

뚜껑의 바탕 면을 연회색으로 칠한 후, 회색으로 윗면의 가장자리 둘레를 덧그려주세요. 그리고 옆면에 선을 촘촘히 그려주세요.

5

병의 바탕 면을 갈색으로 칠해주세요.

6

라벨의 위쪽에 검은색과 빨간색으로 영어 nutella를 두껍게 레터링 해주세요.

7

라벨의 아래쪽 끝에 껍질이 반쯤 벗겨진 헤이즐넛을 그려줍니다. 황토색으로 물방울 모양의 둘레를 그린 후, 진황색으로 껍질의 뒷면을 둥글게 그려주세요.

8

껍질 중앙에 진황색으로 헤이즐넛을 그려주세요. 그리고 가운데 부분을 피해서 갈색으로 덧칠해줍니다.

9

헤이즐넛을 하나 더 그려줍니다. 황토색으로 물방울 모양을 비스듬히 그려주세요. 그리고 윗부분의 타원형과 아랫부분을 피해서 전체를 갈색으로 덧칠해줍니다.

10

주황색으로 잎이 다섯 장인 작은 꽃을 그려주세요. 그 둘레에 더 큰 꽃잎을 연주황색으로 그려줍니다.

11

영어 레터링과 헤이즐넛 사이에 걸쳐서 회색으로 컵을 그려주세요.

12

컵 주위에 풀색과 초록색으로 작은 잎을 그려주세요. 그리고 암녹색으로 잎맥을 그려줍니다.

13

초코 잼이 묻은 나이프를 그려주세요. 연갈색으로 비스듬히 손잡이를 그리고, 연회색으로 칼날을 절반 정도 그려주세요. 그리고 적갈색으로 나이프에 묻은 초코 잼을 그려줍니다.

14

나이프 뒤쪽에 바게트를 그려주세요. 황토색으로 가운데가 둥글게 갈라진 빵을 그린 후, 진황색으로 연하게 덧칠합니다.

15

빵의 윗면에 적갈색으로 초코 잼을 넓게 칠한 후, 남은 둘레를 베이지색으로 칠해주세요. 그리고 겉면을 연갈색으로 덧칠해줍니다.

16

나이프 옆에 풀색으로 작은 잎 두 개를 비스듬히 그린 후, 암녹색으로 잎맥을 그려줍니다.

# 오레오

**사용한 색연필**

 French Grey 70%  Black

1

검은색으로 타원형의 위쪽 쿠키를 그려주세요.

2

검은색으로 아래에 둥근 크림을 그리고, 아래쪽 쿠키를 이어 그려주세요.

3

위쪽 쿠키 면의 중앙에 진회색으로 작은 타원형을 그린 후, 안쪽에 영어 OREO를 레터링 해주세요.

4

윗면의 가장자리 둘레에 간격을 두고 검은색으로 선을 둘러주세요. 뒤쪽으로 갈수록 간격이 좁아지게 그려줍니다. 그 간격에 진회색으로 촘촘히 선을 그어 패턴을 그려주세요.

5

둘레의 패턴 사이를 검은색으로 칠해주세요.

6

가장자리 둘레에 진회색으로 작은 동그라미와 짧은 선을 번갈아가며 패턴을 그려주세요.

7

진회색으로 남은 부분에 삼각형 네 개가 서로 마주보는 모양의 패턴을 그려주세요. 일정한 간격으로 둘러가며 그리고, 뒤쪽은 조금 더 납작하게 그립니다.

8

위쪽 쿠키의 바탕 면을 검은색으로 꼼꼼히 칠해주세요.

9

아래쪽 쿠키 면의 절반은 검은색으로 칠해주고 나머지 절반은 진회색으로 선을 촘촘히 그려주세요.

10

둘레의 선 사이를 검은색으로 칠해주세요.

11

검은색으로 쿠키의 위아래 촘촘한 선 패턴을 기준으로 볼록하게 외곽선을 그려주세요.

## 초코칩 민트 아이스크림

**사용한 색연필**

- Goldenrod
- Aquamarine
- Tuscan Red
- Terra Cotta
- Light Aqua
- Beige

1
밝은 청록색으로 아이스크림의 둥근 외곽선을 그려주세요.

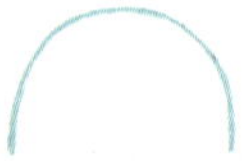

2
밝은 청록색으로 구불구불한 모양으로 밑면 외곽선을 그려주세요.

3
아이스크림 아래에 베이지색으로 긴 고깔 모양의 콘을 그려주세요.

4
아이스크림의 면과 외곽선에 걸쳐서 밝은 적갈색으로 초코칩을 고르게 그려주세요.

5

초코칩을 피해서 아이스크림의 바탕 면을 밝은 청록색으로 꼼꼼히 칠해주세요.

6

아이스크림의 외곽선을 청록색으로 덧그려주고, 둥근 면의 아래쪽을 부드럽게 덧칠해주세요.

7

초코칩의 일부분을 적갈색으로 덧칠해주세요.

8

콘의 바탕 면을 베이지색으로 칠해주세요.

9

진황색으로 콘의 외곽선을 덧그려주고 콘 전체에 일정한 간격으로 사선을 그려주세요.

10

진황색으로 앞서 그린 선과 교차되게 그려서 격자 패턴을 마무리해주세요.

# flamingo ice cream

**플라밍고 아이스크림**

살구색과 아이스크림의 조합은
무척 사랑스러울 것이라는 생각에서 시작된 그림이에요.
거기에 심심하지 않도록 분홍색 플라밍고와 민트색 고깔을 입혔어요.
오일 파스텔만의 독특한 질감을 살려서
자연스러운 아이스크림을 표현해보세요.

## 사용한 오일 파스텔

- Pale Blue
- Pale Orange Light
- Pale Vermilion
- Salmon Pink
- Pale Green
- Yellow Ocher
- Pale Brown

## 사용한 색연필

- Spanish Orange
- Cool Grey 50%
- True Blue
- Grass Green
- Orange
- Blush Pink
- Pink
- Black
- White
- Peach
- Light Umber

### 1

아이스크림의 둥근 반원을 살구색 오일 파스텔로 그려주세요. 윗부분에 비스듬하고 얇은 막대 모양을 비워두고 칠해주세요.

### 2

살구색 오일 파스텔로 옆을 볼록하게 튀어나오도록 그리고, 아래로 갈수록 좁아지는 모양을 짧게 칠해주세요.

### 3

진살구색 오일 파스텔로 튀어나온 부분의 띠를 둘레가 울퉁불퉁하게 덧칠해주세요.

### 4

연살구색 오일 파스텔로 띠를 피해서 전체를 덧칠해주세요.

### 5

아이스크림의 비워둔 부분에 하늘색 오일 파스텔로 플라밍고 막대를 그려주세요.

### 6

막대 끝에 플라밍고를 그려줍니다. 연분홍색 색연필로 작고 동그란 머리를 그리고 머리보다 더 앞으로 휘어지는 얇은 목을 그려주세요.

7

연분홍색으로 목선에 이어 등을 둥글게 그리면서 좁아지는 꼬리를 그려주세요.

8

분홍색 색연필로 끝이 두 갈래로 갈라지는 날개를 그려줍니다. 그리고 회색 색연필로 아래로 뾰족하게 휘어지는 부리를 그려주세요.

9

플라밍고의 바탕 면을 연분홍색으로 꼼꼼히 칠해주세요.

10

검은색 색연필로 동그란 눈과 짧은 눈썹을 그려주세요. 그리고 부리의 절반 정도를 칠하고 안쪽 끝을 뾰족하게 그려주세요.

11

아이스크림 밑에 베이지색 오일 파스텔로 사다리꼴 모양으로 콘의 윗부분을 칠해주세요. 그리고 밝은 황토색 오일 파스텔로 덧칠해주세요.

12

콘의 면에 흰색 색연필로 격자무늬 패턴을 긁어주세요. 먼저 한쪽 방향으로 사선을 긁은 후, 교차로 사선을 긁어주세요.

13

콘 아래쪽에 종이 고깔을 그려주세요. 옅은 초록색 오일 파스텔로 긴 삼각형을 그리고 아래에서 절반만 바탕 면을 칠해주세요.

14

고깔 빈 부분의 위아래 가장자리에 연주황색 색연필로 두꺼운 선을 그려주세요. 그 가운데에 살구색 색연필로 하트 모양의 살구를 그려줍니다. 그리고 주황색 색연필로 중심에서 조금 벗어나 곡선을 그려주세요.

15

고동색 색연필로 살구의 꼭지를 그리고 초록색 색연필로 작은 잎을 그려주세요.

16

고깔의 아랫부분에 파란색으로 영어 ice cream을 레터링 해줍니다. 그리고 그 아래에 주황색 색연필로 선을 그려줍니다.

네 번째
위로

따뜻한
한 끼

# pencil drawing

## 연필 그림

잘 먹은 따뜻한 한 끼는 때로는 마음까지 위로해요.
따뜻한 한 끼를 주제로 좋아하는 음식을 연필로 그려보세요.
표현해야 할 부분과 생략할 부분을 잘 구분하여 특징을 살려주세요.

## 튀김 우동

1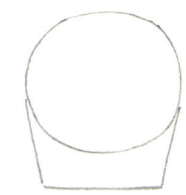
입구를 둥글게 그린 후, 아래로 갈수록 좁아지는 모양의 그릇을 그려주세요.

2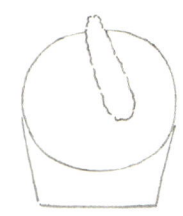
둘레가 울퉁불퉁한 모양으로 새우튀김을 그려주세요. 끝으로 갈수록 얇아지게 그려줍니다.

3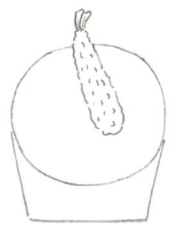
튀김 끝에 포개진 모양의 꼬리를 그린 후, 튀김옷의 표면을 고르게 표현해주세요.

4
튀김에 가려진 반달 모양 어묵을 그려주세요. 둥근 쪽 둘레를 두껍게 칠해주고 체리 모양을 그려주세요.

5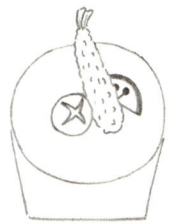
표고버섯을 그려주세요. 동그랗게 외곽선을 그린 후, 십자 모양의 칼집을 그려줍니다.

6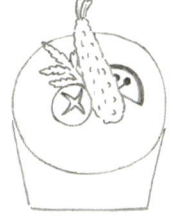
둘레가 촘촘하게 갈라진 모양의 쑥갓을 여러 갈래로 그려주세요.

7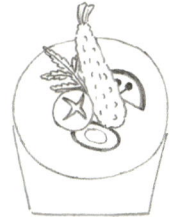
쑥갓의 가운데에 잎맥을 그려주세요. 아래쪽에 타원형의 구운 어묵을 그리고 둘레를 두껍게 칠해주세요.

8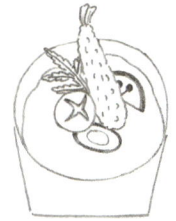
고명의 둘레에 구불구불한 모양으로 우동 면의 외곽선을 그려주세요.

9
엉킨 모양으로 두꺼운 우동 면을 가득 그려주세요.

10
한쪽이 좁아지는 모양으로 젓가락을 그려주세요.

## 삼각 주먹밥

1

삼각 주먹밥의 밑그림을 러프하게 그려줍니다. 삼각형으로 모서리를 둥글게 그려주세요.

2

앞면에 비스듬하게 각진 모양으로 김을 그려주세요. 아랫면을 감싸듯이 그려줍니다.

3

외곽선을 볼록볼록하고 끊어지는 듯한 느낌으로 그려서 밥알이 뭉친 모양을 표현해주세요.

4

김을 까맣게 칠해주세요.

5

주먹밥의 면에 볼록한 선을 고르게 그려서 밥알을 표현해주세요.

6

1~5번 순서대로 뒤에 가려진 주먹밥을 하나 더 그려주세요.

7

주먹밥의 둘레에 타원형의 접시를 그리고, 가장자리를 한 번 더 둘러 그려주세요.

8

낮은 접시받침을 그리고 촘촘히 선을 그려주세요.

## 찐만두

1

끝이 볼록한 모양의 둥근 만두 외곽선을 그려주세요.

2

볼록한 모양의 끝부분에서부터 아래로 꼬인 모양을 그려주세요.

## 군만두

1

반달 모양의 윗면을 넓게 그려주세요.

2

윗면보다 더 넓게 아래쪽 둘레를 그린 후, 윗면과 둘레 사이에 둥근 선을 그려주세요.

3

둘레 안쪽으로 주름을 고르게 그려주세요.

## 참치 초밥

1

아래쪽으로 갈수록 좁아지는 모양으로 참치 회의 외곽선을 그려주세요.

2

가장자리에 외곽선을 따라 길게 선을 그어서 윗면과 옆면을 나누어주세요.

3

참치 회의 아래쪽에 볼록볼록한 선을 끊어지게 그려서 뭉친 초밥을 표현해주세요.

4

초밥 면에 볼록한 선을 고르게 그려서 밥알을 표현해주세요.

5

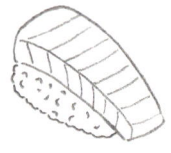

참치 회의 모서리를 기준으로 윗면과 옆면에 선을 그려서 결을 표현해주세요.

## 새우 초밥

1

양쪽으로 둥글게 갈라진 모양으로 새우의 외곽선을 그려주세요. 아래쪽으로 갈수록 좁아지게 그려줍니다.

2

좁은 쪽 끝에 포개진 모양의 꼬리를 그려주세요.

3

새우 아래쪽에 볼록볼록한 선을 끊어지게 그려서 뭉친 초밥을 표현해주세요.

4

초밥 면에 볼록한 선을 고르게 그려서 밥알을 표현해주세요.

5

새우의 중앙에 곡선을 그려서 면을 나누어주세요.

6

새우의 양쪽 면에 물결 모양의 무늬를 그려주세요.

7

무늬에 선을 긋듯이 면을 칠해주세요.

# tteok bokki

## 떡볶이

어린 아이부터 성인까지 꾸준히 사랑받는 국민간식이에요.
매운 떡볶이를 먹을 때는 달콤한 과일 맛 음료를 함께 마셔야죠.
주황색과 빨간색 계열의 오일 파스텔을 잘 섞어서
떡볶이의 빨간 빛깔을 자연스럽게 표현해보세요.

사용한 오일 파스텔

사용한 색연필

### 1

계란의 단면을 그려줍니다. 먼저 회색 색연필로 동그랗게 흰자를 그려주세요. 그리고 진노란색 오일 파스텔로 노른자를 한쪽에 치우쳐서 그린 후, 밝은 주황색 오일 파스텔로 덧칠해줍니다.

### 2

밝은 황토색 오일 파스텔로 평행사변형과 삼각형 모양의 어묵을 그려주세요.

### 3

어묵과 계란 사이에 서로 겹쳐져 있는 떡을 그려줍니다. 밝은 주황색 오일 파스텔로 길게 그리고, 양끝을 사선으로 그려주세요.

### 4

흰색 색연필로 겹쳐진 떡의 경계선을 긋어 구분해주세요.

5

떡을 주황색 오일 파스텔로 연하게 덧칠해주세요. 그리고 진주황색 오일 파스텔로 몇 개의 떡만 가장자리를 피해서 연하게 덧칠해주세요.

6

빨간색 색연필로 떡에 고춧가루를 그려주세요. 크기를 달리하여 점을 찍듯이 면 전체에 불규칙하게 그려주세요.

7

어묵의 가장자리를 피해 진주황색 오일 파스텔로 덧칠해주세요. 그리고 점을 찍듯이 빨간색으로 고춧가루를 그려주세요.

8

떡볶이 둘레에 국물을 칠해줍니다. 진주황색 오일 파스텔로 외곽선을 구불구불하게 칠해주세요.

9

빨간색 오일 파스텔로 국물을 덧칠해줍니다. 가장자리를 피해 안쪽 면을 칠해주세요.

10

중앙에 사각 모양의 파를 그려줍니다. 초록색과 연두색 색연필로 파를 그리고, 연두색 파에만 암녹색으로 선을 촘촘히 그려주세요.

11

연회색 오일 파스텔로 떡볶이 옆에 비스듬한 모양으로 포크를 그려주세요. 그리고 회색 색연필로 접시의 외곽선을 동그랗게 그려줍니다.

12

음료수를 그려주세요. 연노란색 오일 파스텔로 원형을 그려줍니다.

13

살구색 오일 파스텔로 12번에 섞듯이 덧칠해주세요. 그리고 간격을 두고 회색 색연필로 컵의 외곽선을 그려줍니다.

## 명란 아보카도 비빔밥

산뜻한 녹색의 아보카도와 주황빛 명란, 샛노란 계란프라이.
모아놓은 재료의 색감이 참 예뻐서 눈과 입으로 먹는 음식이라 생각해요.
명란 아보카도 비빔밥은 명란을 중심으로
재료를 차곡차곡 깔끔하게 그리는 것이 포인트예요.
그리고 음식과 잘 어우러지는 색으로 그릇을 그리면
음식은 더 맛있어 보이게 됩니다.

사용한 오일 파스텔

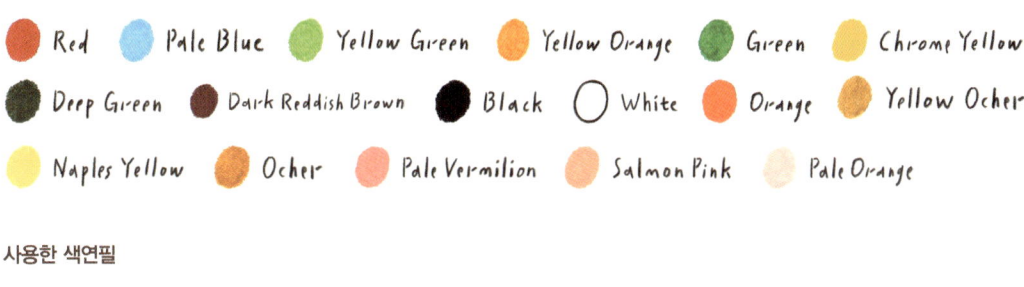

사용한 색연필

1

명란 덩어리를 동그랗게 그려줍니다. 진 살구색 오일 파스텔로 울퉁불퉁한 모양의 명란을 그려주세요. 그리고 살구색 오일 파스텔로 한쪽에 치우쳐 둥글게 덧칠해줍니다.

2

명란에 가려진 계란프라이를 그려줍니다. 연회색 색연필로 굴곡이 있는 흰자의 외곽선을 그려주세요. 그리고 진노란색 오일 파스텔로 옆으로 둥근 노른자를 칠해주세요.

3

명란의 둘레에 슬라이스한 아보카도를 그려줍니다. 연노란색 오일 파스텔로 가운데가 동그랗게 패인 반달 모양의 아보카도를 그려주세요. 그리고 그 둘레를 연두색 오일 파스텔로 칠해주세요.

4

흰색 오일 파스텔로 아보카도의 경계를 섞듯이 문지르며 아래쪽으로 덧칠해주세요.

5

3번, 4번 순서대로 명란과 계란프라이의 둘레에 아보카도를 부채 모양으로 겹겹이 그려주세요.

6

계란프라이의 흰자 외곽선을 밝은 황토색 오일 파스텔로 띄엄띄엄 연하게 덧그려주세요.

7

황토색 오일 파스텔로 흰자의 군데군데를 덧그려서 구운 색감을 표현해주세요.

8

아보카도와 계란프라이 사이에 진초록색 오일 파스텔로 길고 구부러진 모양의 김을 수북이 겹쳐지게 그려주세요.

9

검은색 오일 파스텔로 김의 안쪽을 덧칠해주세요.

10

계란프라이의 양옆에 밥을 그려주세요. 먼저 흰색 오일 파스텔로 밥 덩어리를 둥글게 칠해주세요. 그리고 회색 색연필로 외곽선과 면에 볼록볼록한 밥알의 형태를 덧그려주세요.

11

하늘색 오일 파스텔로 둥근 접시를 넓게 그려주세요.

12

흰색 색연필로 접시의 둘레를 일정한 간격으로 두껍게 긁어 무늬를 표현해주세요. 그리고 검은색 색연필로 영어 It's delicious를 레터링 해주세요.

13

비빔밥 접시 옆에 밝은 황토색 오일 파스텔로 숟가락과 포크를 비스듬히 그려줍니다.

14

샐러드를 그려주세요. 초록색 오일 파스텔로 둘레가 동그랗게 갈라지는 모양의 긴 잎을 그려줍니다. 그리고 흰색 색연필로 잎맥을 긁어주세요.

15

연두색 오일 파스텔로 비스듬히 잎을 그린 후, 적갈색 오일 파스텔로 앞서 그린 잎에 교차되도록 줄기를 덧그려주세요. 그리고 흰색 색연필로 잎맥을 긁어주세요.

16

14번, 15번 순서대로 앞서 그린 잎들 사이에 초록색, 연두색 잎을 그려주세요.

17

양옆에 둘레가 볼록볼록한 연두색 잎과 타원형의 작은 초록색 잎을 그려주고, 흰색 색연필로 잎맥을 긁어주세요.

18

잎 주위에 타원형의 방울토마토를 그려주세요. 빨간색, 주황색, 밝은 주황색, 진노란색 오일 파스텔로 고르게 그린 후, 초록색 색연필로 꼭지를 그려주세요.

19

접시를 연주황색 오일 파스텔로 둥글게 그려주세요. 그리고 파란색 색연필로 영어 Oh! Happy를 레터링 해주세요.

# omelet rice

## 오므라이스

포슬포슬한 계란 지단이 밥을 감싼 모양은 보는 재미도 있어요.
데미글라스 소스와 함께 한입 크게 떠먹으면 풍미가 무척 좋아요.
노란 계란과 갈색의 소스 그리고 알록달록한 샐러드의 색감을 살리며 그려보세요.

사용한 오일 파스텔

사용한 색연필

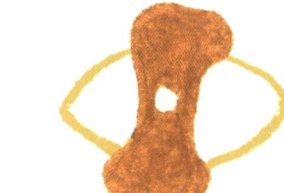

1

진노란색 오일 파스텔로 양끝이 뾰족한 계란 지단의 외곽선을 그려줍니다. 가운데에 소스 그릴 자리를 넓게 비워두고 그려주세요.

2

황토색 오일 파스텔로 계란 사이에 소스를 그려줍니다. 중앙을 동그랗게 비워두고 양쪽으로 갈수록 넓어지게 그려주세요. 끝부분은 계란보다 더 넓고 굴곡지게 그려서 접시까지 흘러내린 모양을 표현해주세요.

3

갈색 오일 파스텔로 소스의 가장자리를 피해서 덧칠해주세요.

4

계란 지단의 바탕 면을 진노란색 오일 파스텔로 칠해주세요.

5

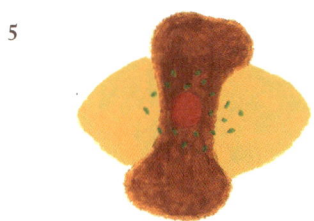

소스 중앙의 비워둔 부분에 빨간색 오일 파스텔로 토마토를 그려주세요. 그 주위에 초록색 색연필로 파슬리 가루를 고르게 그려줍니다.

6

파란색 색연필로 둥근 접시 외곽선을 그려주세요. 그리고 회색 색연필로 오므라이스 둘레에 가려진 안쪽 선을 그려주세요.

7

샐러드를 그려줍니다. 연두색 오일 파스텔로 둘레가 둥글게 갈라지는 모양의 잎을 그려주세요.

8

적갈색 색연필로 잎의 중앙에 휘어지는 모양의 줄기를 그려주세요. 그리고 흰색 색연필로 잎 끝까지 잎맥을 긁어주세요.

9

초록색 오일 파스텔로 작은 잎을 그린 후, 흰색 색연필로 잎맥을 긁어주세요.

10

회녹색 오일 파스텔로 두 잎 사이에 타원형의 작은 잎을 그린 후, 흰색 색연필로 잎맥을 긁어주세요.

**11**

빨간색과 밝은 주황색 오일 파스텔로 타원형의 방울토마토를 그려주세요. 그리고 초록색 색연필로 별 모양의 꼭지를 각각 다른 방향으로 그려주세요.

**12**

연두색과 초록색 오일 파스텔로 작은 타원형 잎을 그린 후, 암녹색 색연필로 잎맥을 그려주세요.

**13**

진노란색 오일 파스텔로 작은 옥수수 알갱이를 수북이 그려주세요. 그리고 살구색 색연필로 외곽선을 덧그려주세요.

**14**

회색 색연필로 정사각형의 접시 외곽선을 그리고, 연회색 색연필로 안쪽 가장자리에 가려진 사각 선을 그려주세요.

**15**

 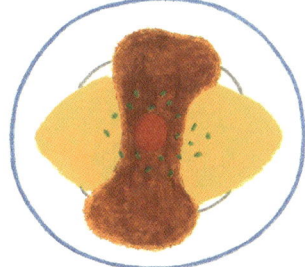 

오므라이스 접시 옆에 신황색 색연필로 숟가락과 포크를 가지런히 그려주세요.

# homemade food

## 집밥

늘 먹는 음식이라 가끔 지루할 때도 있지만,
힘들 때 가장 든든하고 힘이 되는 것이 집밥입니다.
소박하지만 따뜻한 우리 집 집밥을 정갈하게 그려보세요.
그릇도 한 색감으로 그려 포인트를 주면
세트같이 더 깔끔한 한상차림이 됩니다.

## 사용한 색연필

- Spanish Orange
- Limepeel
- Goldenrod
- Cool Grey 20%
- French Grey 20%
- French Grey 50%
- Light Cerulean Blue
- Dark Green
- Olive Green
- Apple Green
- Spring Green
- Cream
- Lemon Yellow
- Sunburst Yellow
- Orange
- Poppy Red
- Crimson Red
- Tuscan Red
- Sand
- Light Umber
- Burnt Ochre
- Sienna Brown
- Dark Brown
- Dark Umber
- Chartreuse
- Beige
- Grass Green
- Cool Grey 50%

### 1

완두콩밥을 그려주세요. 원형으로 밥이 덩어리진 모양을 그려주세요. 끊어지듯 이어지는 느낌으로 볼록볼록한 외곽선을 연회색으로 그려줍니다.

### 2

연회색으로 바탕 면에 볼록한 모양의 짧은 곡선을 군데군데 고르게 그려서 밥알의 형태를 표현해주세요.

### 3

바탕 면의 가장자리 둘레를 연회색으로 연하게 칠해주세요. 그리고 안쪽 면도 덩어리지게 군데군데를 칠해서 볼륨감을 살려주세요.

### 4

회색으로 외곽선과 밥알 선을 강약을 조절하며 덧그려주세요.

### 5

밥 위에 완두콩을 고르게 그려주세요. 라임색으로 동그란 모양의 완두콩을 그린 후, 풀색으로 한쪽 가장자리만 살짝 덧칠해주세요.

### 6

밥 둘레에 밥공기의 외곽선을 회색으로 그려주세요. 그리고 바탕 면에 일정한 간격으로 파란색 선을 그어 패턴을 그려줍니다.

7

미역국을 그려줍니다. 미역국의 둥근 외곽선을 라임색으로 그려주세요. 그리고 가운데 부분에 불규칙한 모양의 크고 작은 고깃덩어리를 베이지색으로 그려주세요.

8

고기를 고동색으로 연하고 거칠게 덧칠해주세요.

9

고기의 외곽선을 암갈색으로 덧그려주고, 선을 긋듯이 고기 결을 표현해주세요.

10

미역을 엉킨 느낌으로 그려주세요. 암녹색과 올리브색으로 길쭉한 모양의 미역을 골고루 섞어 그려주세요.

11

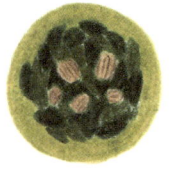

미역국의 바탕 면을 라임색으로 꼼꼼히 칠한 후, 아이보리색으로 색을 섞듯이 덧칠해주세요.

12

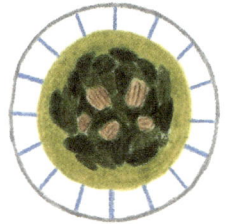

국 둘레에 국그릇의 외곽선을 회색으로 그려주세요. 그리고 바탕 면에 일정한 간격으로 파란색 선을 그어 패턴을 그려줍니다.

**13**

깍두기를 그려주세요. 진노란색으로 서로 겹쳐 있는 모양의 사각형을 그려줍니다.

**14**

주홍색으로 각각 다른 방향의 모서리 선을 진하게 덧그려주세요.

**15**

깍두기의 윗면 또는 윗면과 한쪽 옆면을 주홍색으로 연하게 덧칠해주세요.

**16**

빨간색으로 15번을 옅게 덧칠한 후, 외곽선을 덧그려주세요. 그리고 굵게 점을 찍듯이 듬성듬성하게 고춧가루를 표현해주세요.

**17**

깍두기 사이사이에 얇고 긴 모양의 쪽파를 그려주세요. 초록색, 연두색+초록색, 크림색+연두색으로 나누어 세 가지 색의 쪽파를 그려줍니다.

**18**

깍두기 둘레에 접시의 외곽선을 회색으로 그려주세요. 그리고 안쪽 둘레에 파란색으로 굵은 선을 그려줍니다.

**19**

계란말이를 그려줍니다. 레몬색으로 끝이 둥근 직사각형을 두 개 나란히 그려주세요.

**20**

연주황색으로 끝이 둥근 모서리 선을 그려서 윗면과 옆면을 나누어주세요.

**21**

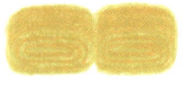

윗면을 연주황색으로 덧칠해주세요. 그리고 옆면에 길고 둥글게 계란이 말린 모양의 선을 그려주세요.

**22**

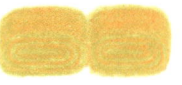

윗면을 진황색으로 덧칠해서 구운 색감을 표현해주고, 말린 선도 진하게 덧그려주세요.

**23**

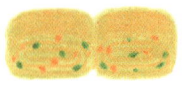

옆면에 주황색과 초록색으로 작은 당근과 파를 고르게 그려주세요.

**24**

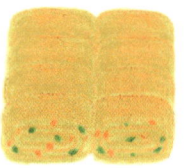

나란히 그린 계란말이 뒤에 19~22번 순서대로 세 개씩 윗면을 더 그려주세요. 그리고 겹쳐지는 경계선을 연갈색으로 덧그려줍니다.

**25**

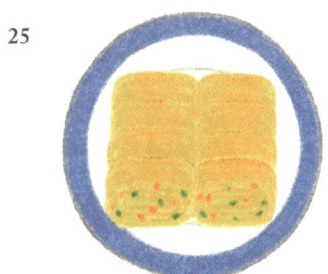

계란말이 둘레에 접시의 외곽선을 회색으로 그린 후, 파란색으로 가장자리 둘레를 두껍게 칠해주세요. 그리고 계란말이 위아래에 접시 안쪽 선을 연회색으로 둥글게 그려줍니다.

**26**

장조림을 그립니다. 긴 직사각형의 고기 외곽선을 그려주세요. 연고동색으로 서로 붙어 있는 모양을 그려줍니다.

**27**

고기 주위에 베이지색으로 타원형의 메추리알 외곽선을 그려주세요. 그리고 풀색으로 길고 울퉁불퉁한 모양의 꽈리고추 외곽선을 그려줍니다.

**28**

고기의 바탕 면을 연고동색으로 칠한 후, 고동색으로 외곽선을 덧그려주세요. 그리고 바탕면에 선을 여러 번 덧그려 고기의 결을 표현해주세요.

**29**

갈색으로 고기의 결을 중심으로 덧칠해주세요.

**30**

꽈리고추의 윗부분을 아이보리색으로 동그랗게 칠해주세요.

**31**

30번의 끝을 동그랗게 남기고 풀색으로 바탕면 전체를 칠해주세요. 그리고 꽈리고추의 끝부분에서 절반 정도를 올리브색으로 덧칠한 후, 외곽선을 그려줍니다.

**32**

메추리알의 바탕 면을 베이지색으로 칠한 후, 진황색으로 연하게 덧칠해주세요. 그리고 갈색으로 외곽선을 덧그려줍니다.

**33**

장조림의 둘레에 적갈색으로 둥근 국물을 꼼꼼히 칠해주세요.

**34**

접시의 외곽선을 회색으로 넓게 그려주세요. 그리고 가장자리 둘레에 간격을 두고 파란색으로 선을 그려줍니다.

**35**

시금치나물을 그립니다. 밝은 연두색으로 아래로 갈수록 넓어지는 모양의 잎을 휘어지게 그려주세요.

**36**

전체적으로 둥근 외형이 되도록 엉킨 시금치를 밝은 연두색으로 고르게 그려주세요.

**37**

연두색으로 시금치의 면을 강약으로 힘 조절을 하면서 덧칠해주세요.

**38**

시금치의 넓은 잎 부분을 초록색으로 연하게 덧칠해주세요.

**39**

암녹색으로 잎의 가장자리를 피해서 한 번 더 덧칠한 후, 줄기 부분의 외곽선을 덧그려주세요.

**40**

회색으로 접시의 외곽선을 넓게 그려주세요. 그리고 가장자리 둘레에 간격을 두고 파란색으로 선을 그려줍니다.

**41**

국 그릇 옆에 숟가락과 젓가락을 연회색으로 가지런히 그려주세요.

# pasta

## 파스타

파스타는 형태에 따라 다양해요. 여기서는 조금 넓은 면 형태인 페투치니를 그렸어요.
재료마다 각각의 특징을 잘 살려서 서로 어우러지게 그리는 것이 포인트예요.
그리고 파스타와 어울리는 사이드 메뉴도 함께 그려보세요.
테이블 매트와 그릇의 구도를 잘 맞춰서 그림의 완성도를 높여줍니다.

## 사용한 색연필

### 1

풀색과 연두색으로 바질을 그려줍니다. 끝이 뾰족하고 긴 모양으로 서로 교차되게 그려주세요.

### 2

초록색으로 바질의 외곽선을 연하게 덧그려주고, 잎맥을 촘촘히 그려주세요.

### 3

바질 주위에 여러 방향으로 새우를 그려줍니다. 베이지색으로 한쪽이 더 두꺼운 'U'자 모양을 그려주세요.

### 4

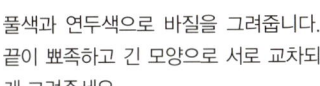

새우의 바탕 면을 베이지색으로 칠해주세요. 그리고 밝은 주황색으로 얇은 쪽 끝에 꼬리를 그려주세요. 두 마디로 나누고 가운데를 잘록하게 그려줍니다.

### 5

새우의 외곽선을 진황색으로 덧그린 후, 일정한 간격으로 곡선을 그려 마디를 표현해주세요. 그리고 주홍색으로 꼬리에 선을 긋듯이 덧칠해주세요.

### 6

황토색으로 버섯을 군데군데에 그려주세요. 위가 둥글고 아래가 각진 모양으로 크기를 달리하여 그려줍니다.

7

암갈색으로 버섯의 양 가장자리에 쉼표 모양 단면을 그려주세요.

8

버섯의 바탕 면을 황토색으로 칠해주고, 연갈색으로 외곽선을 덧그려주세요.

9

빈 부분에 마늘을 고르게 그려주세요. 크림색으로 물방울 모양의 마늘을 그리고, 암갈색으로 외곽선을 연하게 덧그려주세요.

10

아이보리색으로 앞서 그린 재료의 둘레에 두꺼운 파스타 면을 그려줍니다. 가장 바깥쪽 면을 굴곡 있게 그려주세요.

11

아이보리색으로 안쪽 바탕 면에 아무렇게나 엉킨 모양으로 파스타 면을 고르게 그려주세요.

12

연갈색으로 새우의 외곽선을 한 번 더 덧그려주세요. 그리고 초록색으로 가운데 부분에 파슬리 가루를 그려주세요.

13

회색으로 접시의 외곽선을 넓게 그려주세요. 그리고 가장자리 둘레에 간격을 두고 밝은 파란색으로 둥글게 선을 그려주세요.

14

테이블 매트를 그려주세요. 접시가 한쪽에 치우치도록 연회색으로 직사각형을 그려줍니다. 그리고 한쪽 가장자리에 파란색으로 격자무늬 선을 그려주세요.

15

격자무늬 안쪽 면을 파란색으로 꼼꼼히 칠해주세요. 그리고 접시 옆에 회색으로 포크와 숟가락을 나란히 그려주세요.

16

격자무늬 아래쪽 면을 오등분하여 연회색으로 가로 선을 그려주세요.

**17**

크림치즈 토마토 샐러드를 그립니다. 주홍색으로 여러 방향의 토마토 조각을 그려주세요. 양끝이 뾰족한 타원 모양과 속이 빈 반달 모양으로 나누어 그려줍니다. 반달 모양은 둥근 쪽을 더 두껍게 그려주세요.

**18**

빨간색으로 전체를 덧칠해주세요. 그리고 반달 모양 안쪽에 더 작은 반달 모양을 밝은 주황색으로 그려주세요.

**19**

반달 모양의 빈 면을 주황색으로 칠한 후, 초록색으로 둥글게 점을 덧그려주세요.

**20**

짧은 꼭지가 달린 타원형의 작은 잎을 여러 방향으로 그려주세요. 연두색 잎에는 초록색으로 잎맥을 그리고, 풀색 잎에는 암녹색으로 잎맥을 고르게 그려주세요.

**21**

토마토와 잎의 바탕 면에 사각형의 크림을 크림색으로 빽빽이 그려주세요.

**22**

황토색으로 강약을 조절하며 치즈의 외곽선을 덧그려주세요.

**23**

둘레에 회색으로 접시의 외곽선을 넓게 그려주세요. 그리고 가장자리 둘레에 간격을 두고 밝은 파란색으로 둥글게 선을 그려주세요.

**24**

커피를 그려줍니다. 연하늘색으로 길고 끝이 둥근 빨대 윗부분을 그려주세요. 그리고 남색으로 안쪽 끝에 주름을 그려주세요.

**25**

빨대 둘레에 암갈색으로 둥그랗게 커피를 그려주세요.

**26**

커피 둘레에 연회색으로 둥근 컵을 그린 후, 손잡이를 그려주세요.

**27**

피클을 그려주세요. 라임색으로 타원형의 오이 피클을 그려줍니다. 각각 다른 크기와 방향으로 그려주세요.

**28**

라임색으로 선 밖으로 옆면을 그리고, 윗면 가운데에 작은 동그라미를 그려주세요.

**29**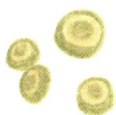

윗면을 아이보리색으로 덧칠해주세요.

**30**

올리브색으로 외곽선을 덧그려주세요. 그리고 윗면의 작은 동그라미 둘레에 씨를 진하게 그려주세요.

**31**

오이 피클 바탕 면에 긴 직사각형의 무 피클을 그려주세요. 아이보리색으로 겹쳐지고 가려진 모양을 그려주세요.

**32**

황토색으로 무 피클의 외곽선을 덧그려주고 가운데에 모서리 선을 그려주세요.

**33**

피클 둘레에 회색으로 접시의 외곽선을 그려주세요. 그리고 접시 안쪽에 피클에 가려진 둥근 선을 연회색으로 그려줍니다.

# pizza

**피자**

피자는 어떤 토핑을 올리느냐에 따라서 종류가 무궁무진해요.
그 중 가장 기본인 콤비네이션 피자를 그려봤어요.
순서를 따라 그리다 보면 피자가 구워지는 과정을 느끼며 완성할 수 있을 거예요.
각 재료의 사진 자료를 관찰하며 그림을 그리면 좀 더 도움이 됩니다.

## 사용한 색연필

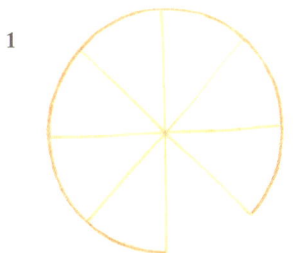

1

피자의 밑그림을 그려주세요. 먼저 연필로 원을 그린 후, 여덟 등분으로 나누어 주세요. 그 중 한 조각을 지우고 외곽선을 진황색으로 그려주세요. 그리고 안쪽 조각 선을 황토색으로 그려줍니다.

2

테두리를 진황색으로 두툼하게 칠해주세요. 그리고 가장자리를 피해 가운데를 연갈색으로 덧칠해주세요.

3

연갈색으로 테두리의 외곽선을 부드럽게 덧그려주세요.

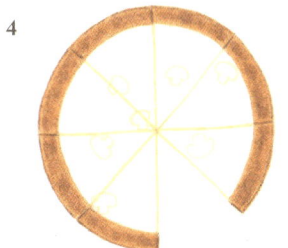

4

바탕 면에 아이보리색으로 양송이버섯을 그려줍니다. 위가 둥글고 아래가 좁은 모양으로 각각 크기와 방향을 다르게 그려주세요.

5

피자 중앙에 초록색으로 피망을 그려줍니다. 세 갈래로 갈라진 세 잎 클로버 모양으로 그려주세요.

6

피자의 가장자리 둘레에 주황색으로 페퍼로니를 그려주세요. 동그란 모양으로 앞서 그린 재료를 피해서 그리고, 빈 조각 부분에는 잘린 노릇오로 반원을 그려주세요.

7

검은색으로 올리브를 그려주세요. 작고 동그란 모양으로 빈 공간을 채우듯 그려 넣습니다.

8

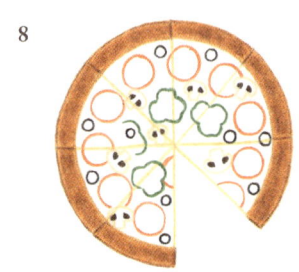

버섯 머리의 양 가장자리에 암갈색으로 단면을 그려주세요.

9

버섯의 바탕 면을 아이보리색으로 칠해주고 진황색으로 외곽선을 덧그려주세요.

10

피망을 초록색으로 좀 더 두껍게 그리고, 안쪽에 연두색으로 한 겹을 더 그려주세요.

11

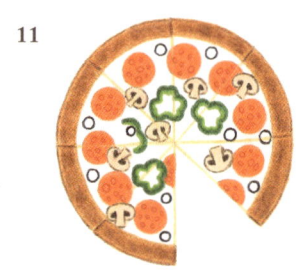

페퍼로니의 바탕 면을 주황색으로 칠하고, 빨간색으로 각각 다른 크기의 작은 동그라미를 그려주세요.

12

작은 동그라미를 피해서 빨간색으로 면을 덧칠해주세요. 그리고 진빨간색으로 외곽선을 연하게 덧그려줍니다.

13

검은색으로 올리브를 좀 더 두껍게 그리고, 안쪽에 고동색으로 한 겹을 더 그려주세요.

14

피자 테두리의 바로 안쪽 가장자리에 진빨간색으로 소스를 그려주세요. 구불구불한 느낌으로 전체를 둘러줍니다.

15

피자의 바탕 면을 황토색으로 칠해주세요.

**16**

연갈색으로 강약을 조절하며 군데군데를 덧칠해서 구워진 색감을 표현해주세요. 그리고 진황색으로 조각 선을 덧그려줍니다.

**17**

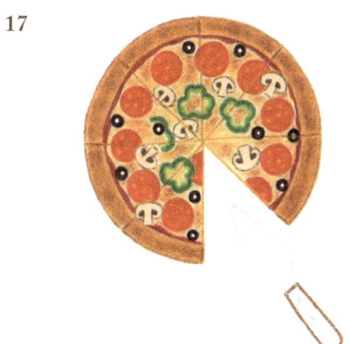

피자의 빈 부분에 피자서버를 그려줍니다. 연회색으로 주걱 부분을 세모 모양으로 그려주세요. 그리고 연갈색으로 손잡이를 그린 후, 동그랗게 못을 그려줍니다.

**18**

연회색으로 주걱을, 연갈색으로 손잡이의 바탕 면을 칠해주세요. 그리고 회색으로 주걱에 모서리 선을 그려줍니다.

**19**

피자 둘레에 적갈색으로 손잡이가 달린 둥근 도마를 그려줍니다.

**20**

피자 조각을 그려줍니다. 앞서 그린 피자의 빈 조각 부분과 같은 크기와 모양으로 외곽선을 황토색으로 그려주세요.

**21**

2번, 3번 순서대로 테두리를 칠해주세요.

**22**

4~7번 순서대로 재료의 외곽선을 그려주세요. 앞서 그린 피자에서 잘라낸 조각이므로 양쪽의 이웃한 피자 면과 그림이 이어지도록 그리는 것이 포인트입니다.

**23**

나머지 부분도 8~16번 순서대로 그려주세요.

**24**

연보라색으로 접시 외곽선을 그리고, 연회색으로 피자에 가려진 안쪽 선을 그려주세요.

**25**

접시 양쪽에 연회색으로 나이프와 포크를 그려줍니다.

**26**

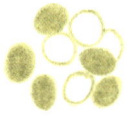

오이피클과 올리브피클을 라임색으로 그려주세요. 오이는 둥근 모양의 외곽선을 그리고, 올리브는 타원형으로 칠해주세요.

**27**

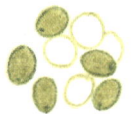

올리브의 외곽선을 올리브색으로 덧그리고, 한쪽 끝에 꼭지를 그려주세요.

**28**

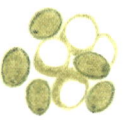

오이의 외곽선 바깥쪽에 라임색으로 옆면을 그려주세요.

29

오이의 윗면 가운데에 라임색으로 작은 원형을 그리고, 아이보리색으로 바탕 면을 칠해주세요.

30

오이의 외곽선을 올리브색으로 덧그리고, 윗면의 작은 원형 둘레에 씨를 그려주세요.

31

가장자리에 연두색으로 타원형의 잎을 그린 후, 암녹색으로 잎맥을 그려주세요.

32

회색으로 접시의 외곽선을 넓게 그려주세요. 그리고 연회색으로 피클에 가려진 안쪽 선을 그려줍니다.

33

동그란 모양의 컵 외곽선을 회색으로 그려주세요. 안쪽에 간격을 두고 콜라 외곽선을 적갈색으로 그려줍니다.

34

중앙에 얼음을 세 개 그려주세요. 연하늘색으로 사각형을 그린 후, 파란색으로 모서리 선을 덧그려주세요.

35

콜라의 바탕 면을 적갈색으로 칠해주세요.

36
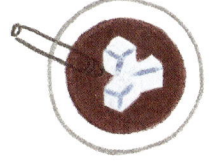
검은색으로 투명한 빨대를 그려주세요. 안쪽 끝에는 곡선을 두어줄 그려서 주름을 표현해주세요.

# hamburger set

## 햄버거 세트

햄버거는 콜라와 감자튀김 세트로 먹지 않으면 뭔가 허전해요.
중심이 되는 햄버거를 순서에 따라 층층이 그리고, 트레이에 담긴 세트와 콜라를 나누어 그려주세요.
사진이나 실물을 관찰하면서 작은 디테일을 하나하나 살려 그리는 것이 포인트예요.

### 1

위가 둥근 햄버거 빵을 황토색으로 그려주세요. 그리고 밑부분의 둘레를 피해 아이보리색으로 물방울 모양의 깨를 고르게 그려주세요.

### 2

빵의 밑부분 둘레를 황토색으로 칠해주세요.

### 3

2번의 경계를 진황색으로 자연스럽게 덧칠하면서 깨를 피해 바탕 면을 칠해주세요. 그리고 외곽선을 덧그려줍니다.

### 4

연갈색으로 빵 윗부분의 바탕 면과 외곽선을 덧칠해주세요.

### 5

빵 아래에 올리브를 그려주세요. 고동색으로 얇은 올리브를 붙여 그린 후, 검은색으로 외곽선을 덧그려주세요.

### 6

연두색으로 구불구불한 모양의 상추를 그려주세요. 두 개로 나누어 빵보다 더 넓게 그려줍니다.

7

풀색으로 상추의 안쪽을 둥글게 덧칠해주고, 초록색으로 외곽선을 덧그려주세요.

8

양파와 토마토를 순서대로 그려주세요. 크림색으로 양파를 납작하게 그린 후, 연두색으로 선을 촘촘히 덧그려주세요. 주홍색으로 토마토 두 개를 그리고, 빨간색으로 외곽선을 덧그려주세요.

9

베이지색으로 양옆이 휘어진 모양의 치즈를 그려주세요. 토마토 끝에서부터 아래로 넓어지게 그린 후, 연주황색으로 외곽선을 덧그려주세요.

10

치즈 아래에 갈색으로 패티를 두껍게 그려주세요.

11

고동색으로 패티의 군데군데를 거칠게 덧칠해주고 외곽선을 울퉁불퉁한 모양으로 덧그려주세요.

12

패티 아래에 6번, 7번 순서대로 좀 더 넓은 상추를 그려주세요.

13

바닥의 빵을 황토색으로 그려주세요. 두껍고 평평한 모양으로 그려줍니다.

14

상추의 아랫부분을 피해서 진황색으로 빵을 연하게 덧칠해주세요. 그리고 연갈색으로 외곽선을 덧그려주세요.

15

햄버거 윗면의 중앙에 작은 깃발 토퍼를 그려주세요. 회색으로 긴 막대를 그린 후, 파란색으로 끝이 뾰족하게 갈라진 깃발을 그려주세요. 그리고 막대 끝에 주황색으로 작은 원형을 그려줍니다.

16

감자튀김 더미를 그려줍니다. 황토색으로 얇고 긴 모양을 겹쳐지게 그린 후, 진황색으로 윗부분만 덧칠해주세요.

17

연갈색으로 한 번 더 덧칠하면서 각각의 모양을 정리해주세요. 그리고 초록색으로 파슬리 가루를 고르게 그려주세요. 마지막으로 감자튀김 끝에 주홍색으로 케첩을 둥글게 그려줍니다.

18

샐러드를 그려주세요. 먼저 연회색으로 타원형의 흰자를 그린 후, 연주황색으로 노른자를 동그랗게 그려주세요.

**19**

계란 주위에 작은 잎을 연두색과 풀색으로 나누어 그리고, 초록색과 암녹색으로 잎맥을 그려줍니다.

**20**

잎의 둘레에 연살구색으로 소스를 둥글게 칠해주세요. 그리고 노란색으로 옥수수 알갱이를 그린 후, 연주황색으로 덧칠해줍니다.

**21**

햄버거 세트의 둘레에 트레이를 그려주세요. 회색으로 직사각형을 그리고, 아래쪽에 낮은 옆면을 그려주세요. 그리고 연회색으로 안쪽 가장자리에 선을 그려줍니다.

**22**

회색으로 나이프와 포크를 비스듬히 그려주세요. 그리고 끝부분에 파란색으로 선을 그려줍니다.

**23**

케첩을 그려주세요. 회색으로 타원형의 낮은 그릇을 그린 후, 옆면에 세로로 선을 그려주세요.

**24**

그릇 안쪽에 주홍색으로 굴곡이 있는 둥근 모양의 케첩을 그려주세요.

**25**

콜라를 그려줍니다. 아래로 갈수록 좁아지는 모양의 컵을 회색으로 그려주세요 그리고 안쪽 가장자리에 간격을 두고 적갈색으로 콜라를 그려주세요.

**26**

컵 아래쪽에 얼음을 그려주세요. 연하늘색으로 사각형을 그린 후, 파란색으로 모서리를 덧그려줍니다.

**27**

적갈색으로 콜라의 위쪽 외곽을 동그랗게 그린 후, 바탕 면을 칠해주세요.

**28**

회색으로 컵 입구를 타원형으로 그려주고, 구부러진 모양의 빨대를 그려주세요.

다섯 번째
위로

위로가
되는
시간

# pencil drawing

## 연필 그림

캄캄한 밤, 별 보는 것을 좋아해요.
쏟아질 것처럼 하늘 가득 반짝이는 별을 상상하면서 밤하늘을 그려보세요.
하루를 마무리하며 기분 좋은 위로가 될 거예요.

# 별이 빛나는 밤

1

각진 모양의 지붕 외곽선을 그려주세요.

2

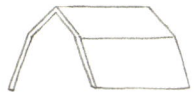

지붕의 꺾인 부분에 모서리 선을 그린 후, 앞면을 얇게 그려서 입체감을 주세요.

3

지붕 아래에 집의 외곽선을 그려주세요.

4

앞면의 위쪽에 턱이 있는 긴 창문을 입체적으로 그려주세요.

5

여섯 칸으로 나누어 창문틀을 그려주세요.

6

4번, 5번 순서대로 창문을 세 개 더 그려주세요.

7

옆면에도 턱이 있는 창문을 그려주세요.

8

창문 옆에 작은 패널 장식을 그려서 디테일을 살려주세요.

9

밑동이 더 넓은 나무 기둥을 그려주세요. 그리고 긴 삼각형으로 나뭇잎 부분의 밑그림을 러프하게 그려줍니다.

10

밑그림을 기준으로 가장 윗부분의 나뭇잎을 선을 긋듯이 촘촘히 그려주세요.

11

두 번째 단부터는 위쪽 단의 가장자리 안쪽에서 퍼져 나오는 느낌으로 그려주세요.

12

밑그림을 따라 나무 기둥까지 나뭇잎을 층층이 그려주세요.

13

9~12번 순서대로 집의 양옆에 크고 작은 나무를 더 그려주세요.

14

집 위쪽에 달을 그려주세요. 원형을 그린 후, 안쪽에 비스듬히 초승달을 그려줍니다.

15

하늘 가득히 다양한 모양의 별을 고르게 그려줍니다. 가장자리부터 별을 그린 후, 안쪽을 채워주세요.

# knitting

**뜨개질**

찬바람이 불기 시작하면 이따금씩 두꺼운 털실을 꺼내서 뜨개질을 해요.
따뜻한 차 한 잔 마시면서 뜨개질을 하다 보면 시간이 금방 가지요.
따뜻한 색감으로 뜨개질하는 풍경을 그리면서 여유를 가져보세요.

## 사용한 색연필

- Goldenrod
- Warm Grey 20%
- Warm Grey 50%
- Cool Grey 20%
- Cool Grey 50%
- Cool Grey 70%
- French Grey 20%
- Light Cerulean Blue
- Copenhagen Blue
- Olive Green
- Blush Pink
- Pink
- Black
- Tuscan Red
- Dark Green
- Peach
- Yellow Ochre
- Burnt Ochre
- Sienna Brown
- Dark Brown

**1**
원형의 뜨개실 뭉치를 진황색으로 그려 주세요. 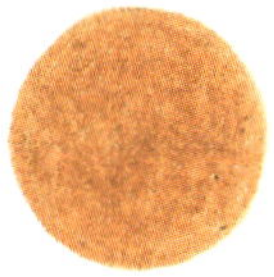

**2** 
뜨개실의 바탕 면에 연갈색으로 실 가닥을 그려주세요. 중앙에 둥근 사선을 여러 겹 그린 후, 반대방향으로도 교차되게 그려주세요.

**3** 
실과 떨어진 위치에 끝이 둥근 사각형의 뜨개 직물을 진황색으로 비스듬히 그려주세요.

**4** 
직물의 면에 연갈색으로 선을 네 개 그려주세요. 그리고 선을 중심으로 양쪽에 둥근 선을 그려주세요.

**5** 
선 전체에 둥근 짜임을 연갈색으로 촘촘히 그려주세요.

**6** 
진황색으로 뜨개실과 직물 사이에 굴곡 있는 모양으로 실을 그려주세요.

7

코바늘을 그려줍니다. 진회색으로 긴 대를 그린 후, 회색으로 끝이 갈고리처럼 휘어진 코바늘을 그려주세요.

8

가위를 그려주세요. 위쪽이 더 넓은 가위 손잡이를 진회색으로 둥글게 그려주세요. 한쪽 손잡이의 중앙은 비우고 그려주세요.

9

손잡이의 비워둔 부분에 수술을 그려주세요. 살구색으로 고리를 그린 후, 동그란 머리와 술을 그려줍니다. 그리고 연분홍색으로 술의 결대로 덧칠해주세요.

10

진회색으로 손잡이를 더 두껍게 칠해주고, 한쪽의 외곽에 작은 돌기를 그려주세요.

11

회색으로 손잡이 끝에 가위 날을 교차되게 그려주세요. 교차되는 지점에 검은색으로 동그란 나사를 그려줍니다.

**12**

실바구니를 그려줍니다. 회색으로 입구가 둥글고 아래로 갈수록 좁아지는 모양으로 그려주세요.

**13**

바구니의 입구 위쪽에 뜨개실을 그려주세요. 입구 끝에 파란색으로 반원형을 그리고, 맞은편에 진황색으로 원형을 그려주세요. 그리고 두 뜨개실 사이에 연회색으로 가려진 둥근 선을 그려주세요.

**14**

뜨개실에 꽂힌 대바늘을 그려주세요. 황토색으로 길고 끝이 동그란 모양으로 그려줍니다.

**15**

각 뜨개실의 바탕 면을 파란색, 진황색, 연회색으로 칠해주세요.

**16**

뜨개실의 바탕 면에 순서대로 진파란색, 회색, 연갈색으로 실 가닥을 그려주세요. 중앙에 둥근 사선을 여러 겹 그리고, 반대방향으로도 교차되게 그려주세요.

**17**

바구니의 바탕 면을 회색으로 칠하고, 뜨개실 위쪽에 입구 외곽선을 둥글게 그려주세요.

**18**

꽃병을 그려줍니다. 회색으로 짧은 목을 그린 후, 둥근 병의 외곽선을 그려주세요.

**19**

병의 중앙에 마름모 모양의 라벨을 그려주세요. 암갈색으로 그린 후, 안쪽에 간격을 두고 진회색으로 그려주세요. 그리고 중앙에 검은색으로 숫자 12를 레터링해주세요.

**20**

라벨을 피해 목화 가지를 비스듬히 그려주세요. 진황색으로 가지를 길게 그리고, 끝에 뾰족하게 갈라지는 꽃받침을 그려주세요. 그리고 연갈색으로 덧칠해줍니다.

21
꽃받침을 기준으로 둥근 목화 외곽선을 회색으로 그려주세요.

22
목화의 아래쪽과 한쪽 옆을 회색으로 둥글게 칠해서 볼륨감을 표현해주세요.

23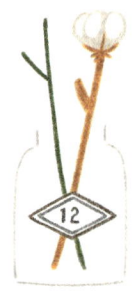
올리브색으로 줄기를 그려주세요. 목화 가지와 교차되게 그린 후, 옆에 짧은 가지를 그려주세요.

24
가지 끝에 살구색으로 잎이 세 장인 꽃을 그린 후, 분홍색으로 외곽선을 덧그려주세요. 그리고 올리브색으로 줄기와 꽃 위쪽에 가지를 더 그려주세요.

25
올리브색으로 가지의 끝과 양옆에 작은 타원형의 잎을 촘촘히 그려주세요.

26
회색으로 병 끝에 타원형의 입구를 두 겹으로 그려주세요.

27
코코아를 그려줍니다. 연회색으로 아래가 더 좁은 컵 외곽선을 둥글게 그려주세요.

28
컵의 안쪽에 갈색으로 코코아를 그려주세요. 그리고 중앙에 적갈색으로 코코아 가루를 그려줍니다.

29
연회색으로 컵의 입구를 좀 더 두껍게 그리고, 바탕 면을 칠해주세요. 그리고 둥글고 작은 손잡이를 그려줍니다.

30

컵의 외곽선을 회색으로 덧그린 후, 위쪽 가장자리에 둥근 선을 그려주세요. 그리고 검은색으로 영어 gray를 레터링 해주세요.

31

컵 아래에 파란색으로 타원형의 티 코스터를 그려주세요.

32

진파란색으로 코스터에 일정한 간격의 선을 그려주세요.

33

선을 중심으로 양쪽에 둥근 선을 진파란색으로 촘촘히 그려서 짜임을 표현해주세요.

34

마들렌을 그려줍니다. 암녹색으로 직사각형의 접시 외곽선을 그린 후, 좁은 받침을 그려주세요.

35

위가 둥글고 아래가 납작한 조개 모양으로 마들렌을 그려주세요. 진황색으로 그린 후, 연갈색으로 덧칠해주세요.

36

적갈색으로 외형을 따라 선을 촘촘히 그려 러시 걸을 표현해주세요.

37

접시의 가장자리에 간격을 두고 회색의 직사각형을 그려주세요. 그리고 모서리에 암녹색으로 사선을 그려줍니다.

# birthday

**생 일**

누구에게나 생일은 일 년 중 가장 특별한 하루입니다.
생일 하면 떠오르는 상징적인 것들을 늘어놓듯이 그렸어요.
달콤한 케이크와 선물, 작은 생일 초까지. 소중한 사람을 생각하며 따뜻한 그림을 그려보세요.
카드로 만들어도 좋을 것 같아요.

사용한 색연필

1

크림색으로 윗면이 타원형인 케이크를 그려줍니다. 윗면의 위쪽 중앙에 초를 그릴 부분을 조금 비워주세요.

2

중앙에 파란색으로 끝이 뾰족한 초를 그린 후, 연회색으로 심지를 그려주세요. 그리고 가장자리 둘레에 빨간색과 진빨간색 두 가지 색으로 딸기를 고르게 그려주세요.

3

딸기 사이사이에 작은 앵두송이를 그려주세요. 초록색으로 가지를 그린 후, 자주색과 주홍색 두 가지 색으로 나누어 앵두를 그려주세요.

4

딸기의 안쪽과 바깥쪽에 작은 잎을 듬성듬성 그려줍니다. 초록색으로 둘레가 둥글게 갈라지는 모양의 잎을 그린 후, 암녹색으로 잎맥을 그려주세요.

5

적갈색으로 케이크의 윗면에서 옆면으로 흘러내리는 초코 크림을 그려주세요. 여러 갈래로 둥글게 그리고, 끝은 물방울 모양으로 마무리해주세요.

6

딸기의 바탕 면에 진황색으로 씨를 그려주세요.

7

딸기 씨를 피해서 각각 빨간색과 진빨간색으로 바탕 면을 칠해주세요.

8

딸기 안쪽의 윗면과 옆면의 바탕을 크림색으로 꼼꼼히 칠해주세요.

9

초코 크림의 바탕 면을 적갈색으로 꼼꼼히 칠해주세요.

10

초의 바탕 면을 파란색으로 칠한 후, 진파란색으로 사선의 무늬를 그려주세요.

11

심지에 밝은 주황색으로 타원형의 속불꽃을 그려주세요. 그 가장자리 둘레를 빨간색으로 덧칠하며 겉 불꽃을 더 크게 그려줍니다.

12

케이크의 아래쪽에 진황색으로 도마를 그려주세요. 직사각형의 몸체를 그린 후, 한쪽 옆면에 둥글고 긴 손잡이를 그려줍니다.

13

도마의 바탕 면을 진황색으로 칠해주세요. 그리고 갈색으로 끝이 둥근 모서리 선을 그려주세요.

**14**

아무렇게나 놓여 있는 느낌으로 초를 비스듬히 그려주세요. 살구색, 연주황색, 파란색의 세 가지 색으로 초를 그리고, 회색으로 심지를 각각 다른 방향으로 그려주세요.

**15**

초에 사선 무늬를 그려줍니다. 각각 분홍색, 주황색, 진파란색으로 그려주세요.

**16**

회색으로 타원형의 접시 외곽선을 그려주세요. 그리고 아래로 갈수록 좁아지는 받침을 그려줍니다.

**17**

접시 중앙에 연회색으로 타원형을 그린 후, 검은색으로 영어 THANK YOU를 레터링 해주세요. 그리고 진황색으로 포크를 비스듬히 그려주세요.

**18**

연살구색으로 선물상자를 그려주세요. 사다리꼴의 윗면을 그린 후, 아래쪽으로 옆면을 그려줍니다.

**19**

빨간색으로 리본을 그려주세요. 윗면 중앙에 매듭을 그린 후, 양옆으로 둥글게 휘어지는 날개를 그려줍니다.

**20**

빨간색으로 날개 아래에 짧은 다리를 그려주세요. 그리고 사방으로 상자를 감싸는 리본을 직선으로 그려줍니다.

**21**

리본의 바탕 면을 빨간색으로 칠한 후, 진빨간색으로 외곽선과 모서리 선을 덧그려주세요. 매듭의 중앙에 둥근 사선을 덧그려 묶인 모양을 표현해줍니다.

**22**

상자의 바탕 면을 연살구색으로 칠하고, 윗면과 옆면의 경계선을 살구색으로 덧그려주세요.

**23**

초록색으로 선물상자를 그려주세요. 윗면의 위아래 선은 연한 색으로 그려주세요.

**24**

19번, 20번 순서대로 연분홍색으로 리본을 그려주세요. 리본의 양쪽 끝은 옆면까지 길게 꺾어 그리고, 끝부분을 두 갈래로 뾰족하게 그려줍니다.

**25**

리본의 바탕 면을 연분홍색으로 칠한 후, 분홍색으로 외곽선과 모서리 선을 덧그려주세요. 매듭의 중앙에 둥근 사선을 덧그려 묶인 모양을 표현해줍니다.

**26**

상자의 바탕 면을 초록색으로 꼼꼼히 칠해주세요.

27

케이크 위쪽에 연보라색으로 영어 Happy Birthday를 크고 넓게 레터링 해주세요.

# cafe

## 카페

길을 걷다 보면 예쁜 카페들이 참 많아요.
그런 곳에서 차 한 잔 마시는 것만으로도 기분전환이 될 때가 있어요.
건물 사진을 찍어놓으면 그림의 자료가 되기도 해요.
나만 아는 카페, 자주 가는 카페의 외관을 디테일하게 관찰하며 그려보세요.

## 사용한 오일 파스텔

- Pale Blue
- Green Grey
- Orchid Pink
- Green
- Grey
- Naples Yellow
- Ocher
- Pale Orange Light
- Light Grey
- Dark Grey
- Chrome Yellow
- Yellow Ocher
- Pale Brown

## 사용한 색연필

- Warm Grey 20%
- Warm Grey 70%
- Cool Grey 20%
- Cool Grey 50%
- Cool Grey 70%
- Sunburst Yellow
- Carmine Red
- Black
- Tuscan Red
- White
- Dark Brown

1

황토색 오일 파스텔로 직사각형의 문을 그려줍니다. 이때 절반 정도는 창을 그릴 부분으로 비워주세요. 그리고 위쪽과 옆쪽에도 작은 직사각형으로 비워줍니다.

2

옆쪽에 회색 오일 파스텔로 둥근 문고리를 그리고, 아래쪽에 검은색 색연필로 열쇠 구멍을 그려주세요. 연회색 색연필로 바탕 면을 칠한 후, 회색 색연필로 외곽선을 그려줍니다.

3

위쪽에 팻말을 그려주세요. 진회색 색연필로 팻말의 외곽선을 그린 후, 빨간색 색연필로 숫자 103을 레터링 해주세요.

4 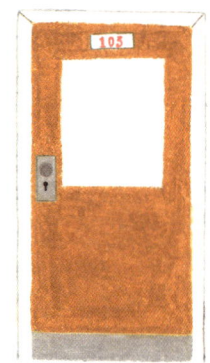 5 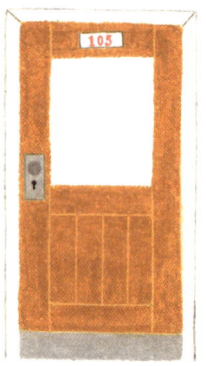 6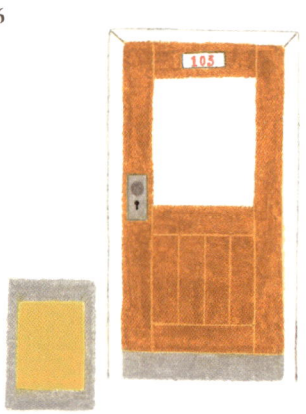

문 아래쪽에 연회색 오일 파스텔로 두꺼운 직사각형을 칠해주세요. 그리고 연회색 색연필로 문의 둘레에 간격을 두고 선을 그린 후, 위쪽 모서리에 사선을 그려줍니다.

흰색 색연필로 창의 옆면을 따라 위아래에 직선을 긁어주세요. 창의 아래쪽도 네 등분하여 긁어 디테일을 표현해주세요.

문 옆에 입간판을 그려주세요. 진노란색 오일 파스텔로 직사각형을 그린 후, 그 둘레를 연회색 오일 파스텔로 그려주세요. 그리고 경계선을 흰색 색연필로 긁어줍니다.

7  8

검은색 색연필로 영어 menu를 레터링 해주세요. 진회색 색연필로 밑줄을 그은 후, coffee, juice, tea, bread를 차례차례 레터링 해주세요.

입간판 옆에 큰 화분을 그려주세요. 하늘색 오일 파스텔로 타원형의 입구를 그리고, 아래쪽으로 좁아지는 몸체를 그려주세요. 위쪽의 중앙은 비워둡니다.

9

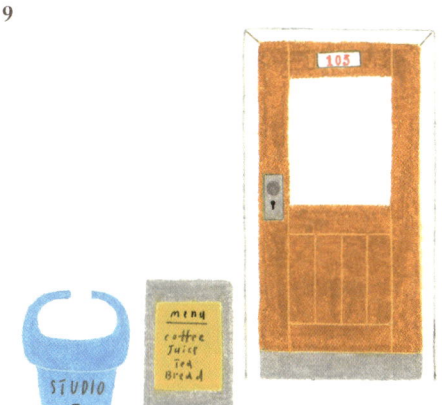

화분의 입구와 몸체의 경계를 흰색 색연필로 긋은 후, 검은색으로 영어 STUDIO를 레터링 해주세요.

10

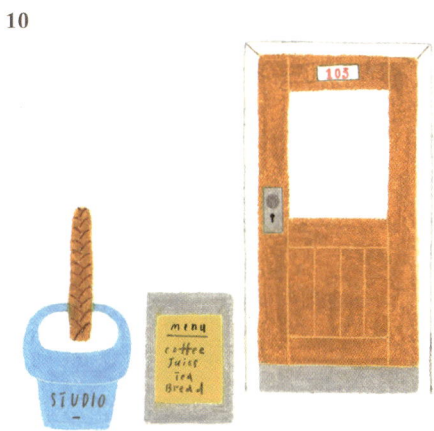

황토색 오일 파스텔로 위로 갈수록 좁아지는 두꺼운 줄기를 그려주세요. 그리고 적갈색 색연필로 서로 겹쳐지는 곡선을 층층이 그려주세요.

11

줄기 끝에 회녹색 오일 파스텔로 길고 뾰족한 잎을 사방으로 퍼지게 그려주세요. 그리고 초록색 오일 파스텔로 잎의 가장자리를 피해 덧칠해주세요.

12

잎의 퍼진 모양을 고려하며 흰색 색연필로 경계선을 긋어주세요. 그리고 밝은 황토색 오일 파스텔로 흙을 칠한 후, 흙과 줄기의 경계선을 긋어주세요.

13

잎에 살짝 가려지는 위치에 작은 창문을 그려주세요. 황토색 오일 파스텔로 직사각형 창틀을 그린 후, 안쪽에 십자 모양을 그려줍니다.

14

창틀의 둘레에 간격을 두고 연회색 색연필로 선을 그려줍니다. 그리고 진회색 색연필로 모서리에 사선을 그려주세요.

15

창문 안쪽 면을 베이지색 오일 파스텔로 칠하고, 암갈색 색연필로 외곽선을 덧그려주세요.

16

창문 위쪽에 조명을 그려줍니다. 진노란색 오일 파스텔로 둥근 전구를 그려주세요. 그 둘레에 연분홍색 오일 파스텔로 타원형을 그린 후, 위로 갈수록 좁아지는 전등갓을 그려줍니다.

17

회색 오일 파스텔로 전등갓 끝에 얇은 대를 그려주세요. 그 둘레에 진회색 오일 파스텔로 둥근 받침대를 그린 후, 흰색 색연필로 안쪽 면을 동그랗게 긁어주세요.

18

전등갓의 위아래 둘레를 흰색 색연필로 긁어주세요. 그리고 검은색 색연필로 전등에 필라멘트를 그려줍니다. 양끝에 세로로 선을 그린 후, 그 사이에 뱅글뱅글하게 휘어진 모양을 그려주세요.

19

카페의 위아래에 벽을 그려줍니다. 진회색 색연필로 전등 위쪽과 문 아래쪽에 긴 직사각형을 그려주세요.

20

19번의 옆선에 맞춰서 연살구색 오일 파스텔로 전체 외벽을 칠해주세요. 그리고 회색 색연필로 문 위쪽에서부터 일정한 간격으로 벽돌 선을 그려주세요.

21

20번 사이사이에 회색 색연필로 세로로 벽돌 선을 그려줍니다. 두 번째 칸부터는 앞 칸과 엇갈리게 그려주세요.

22

문의 창에 카페 안에 있는 조명을 그려주세요. 검은색 색연필로 전선을 그리고, 진회색 색연필로 삼각형의 전등갓을 그려주세요. 그리고 노란색 색연필로 반원형의 전구를 그린 후, 검은색으로 필라멘트를 그려줍니다.

23

창의 바탕 면을 베이지색 오일 파스텔로 칠해주세요. 그리고 외곽 선을 암갈색 색연필로 그려주세요.

24

전등 아래에 연노란색 오일 파스텔로 빛을 덧칠해주세요. 전구 아래로 점점 넓어지는 모양으로 연하게 칠해줍니다.

# coffee

## 커피 한 잔

따뜻한 커피와 소박한 풍경들.
바쁜 일상 속에서 잠시라도 여유를 가지고 쉬어가는 것은 더 열심히 할 수 있는 원동력이 됩니다.
그림도 그런 역할을 한다고 생각해요.
향기로운 커피 한 잔과 함께 그림을 그리면서 마음을 치유하고 잠시 쉬어가세요.

## 사용한 색연필

- Spanish Orange
- Limepeel
- Goldenrod
- Warm Grey 20%
- Cool Grey 20%
- Cool Grey 50%
- French Grey 20%
- French Grey 50%
- Dark Green
- Dark Purple
- Black
- Sand
- Yellow Ochre
- Dark Brown
- Sepia
- Process Red
- French Grey 70%
- Warm Grey 50%

1

연회색으로 둘레가 둥근 삼각 모양의 전등갓을 그려주세요.

2

전등갓의 아래쪽 중앙에 전구 끝부분을 그려주세요. 진황색으로 작은 사각형을 그린 후, 고동색으로 가로 선을 덧그려주세요.

3

연주황색으로 둥근 전구를 그린 후, 진회색으로 뱅글뱅글 휘어지는 모양의 필라멘트를 그려주세요.

4

전구의 바탕 면을 연주황색으로 꼼꼼히 칠해주세요.

5

전등갓의 바탕 면을 연회색으로 칠하고, 전구 양옆으로 안쪽 둘레를 둥글게 그려주세요. 그리고 전등갓 끝에 진회색으로 긴 전선을 그려줍니다.

6

화분을 그려줍니다. 자주색으로 입구가 둥근 화분을 그려주세요.

7

라임색으로 길이가 다른 줄기를 네 개 그린 후, 암녹색으로 덧그려주세요.

8

세 개의 줄기에만 양옆에 짧은 잎을 촘촘히 그려주세요. 라임색으로 그린후, 암녹색으로 덧그려줍니다.

9

잎이 없는 줄기 끝에 꽃을 그려주세요. 연주황색으로 'X' 모양의 꽃잎을 그리고, 끝부분은 뾰족뾰족하게 그려줍니다. 그리고 회색으로 외곽선을 덧그려주세요.

10

9번 순서대로 꽃잎 사이사이에 꽃잎을 더 그려서 둥근 외형을 완성해주세요.

11

꽃잎의 중앙에서 바깥쪽으로 수술을 그려주세요. 암녹색으로 짧은 대를 빙 둘러 그린 후, 끝에 진보라색으로 작은 동그라미를 그려줍니다.

12

화분의 한쪽 면에 붙여서 라벨을 그려주세요. 연회색으로 직각의 라벨 외곽선을 그리고, 검은색으로 영어 miss you를 레터링 해주세요.

13

화분의 바탕 면을 자주색으로 칠해주세요. 그리고 화분 안쪽에 황토색으로 흙을 칠해줍니다.

14

커피를 그려주세요. 회색으로 입구가 타원형이고 아래로 갈수록 좁아지는 모양의 컵을 그려주세요.

15

컵의 바탕 면을 회색으로 칠한 후, 둥근 손잡이를 그려주세요.

16

컵 안쪽에 암갈색으로 커피를 둥글게 칠해주세요.

17

컵 아래쪽에 티스푼을 비스듬히 그려줍니다. 진황색으로 그린 후, 머리 부분에 검은색으로 둥근 선을 그려주세요.

18

아이보리색으로 컵의 아래쪽에 직사각형의 티 매트를 그려주세요.

19

티 매트에 연회색으로 일정한 간격의 선을 그려주세요.

20

화분과 컵의 양옆에 진황색으로 테이블 선을 그려주세요.

# christmas wreath

## 크리스마스 리스

산타클로스, 루돌프, 창밖에 내리는 눈.
크리스마스 하면 떠오르는 이미지가 많아요.
저는 어릴 적 크리스마스 영화에서 처음 봤던 리스가 떠올라요.
집집마다 현관문에 걸어놓은 큰 리스가 아주 예뻐 보였죠.
크리스마스의 대표적인 색감, 빨간색과 초록색 계열 오일 파스텔로
풍성한 크리스마스 리스를 그려보세요.

사용한 오일 파스텔

사용한 색연필

1

빨간색 오일 파스텔로 리본을 그려주세요. 아래쪽이 좁고 위쪽의 가운데가 살짝 들어간 모양으로 매듭을 그려줍니다.

2

빨간색 오일 파스텔로 매듭 양쪽으로 리본의 날개를 그려주세요. 옆면의 가운데가 살짝 들어간 모양으로 그려줍니다.

3

빨간색 오일 파스텔로 날개 아래쪽에 끝이 갈라지는 모양의 다리를 그려주세요. 그리고 흰색 색연필로 서로 겹치는 경계선을 긁어 면을 나누어주세요.

4

날개와 다리에 적갈색 오일 파스텔로 체크 패턴을 그려주세요. 리본의 외형을 따라 곡선으로 교차되게 그려줍니다.

5

회색 오일 파스텔로 4번과 교차되는 패턴을 덧그려주세요.

6

리본의 옆쪽에 포인세티아 한 송이를 그려주세요. 진노란색 오일 파스텔로 작은 원형 세 개가 모인 모양으로 수술을 그려주세요.

7

수술의 둘레에 빨간색 오일 파스텔로 끝이 뾰족한 꽃잎을 그려주세요. 그리고 빨간색 색연필로 수술의 둘레를 덧그려서 깔끔하게 정리해주세요.

8

꽃잎의 사이사이에 빨간색 오일 파스텔로 꽃잎을 더 그려주세요. 그리고 흰색 색연필로 겹쳐진 경계선을 둥글게 긁어서 속잎과 겉잎을 나누어주세요.

9

흰색 색연필로 속잎의 잎맥을 촘촘히 긁고, 겉잎에는 가운데만 긁어주세요.

10

6~9번 순서대로 맞은편에 포인세티아 세 송이를 더 그려주세요.

11

포인세티아 사이에 빨간 방울과 솔방울을 그려주세요. 빨간색과 밝은 빨간색 두 가지 오일 파스텔로 방울을 그려주세요. 그리고 황토색 오일 파스텔로 긴 타원형의 솔방울을 비스듬히 그려줍니다.

12

흰색 색연필로 솔방울의 면을 지그재그 모양으로 층층이 긁어주세요. 두 번째 줄부터는 아랫줄과 어긋나게 긁어줍니다.

13

솔방울의 나뉜 면을 갈색 오일 파스텔로 점을 찍듯이 덧칠해주세요.

14

11~13번 순서대로 포인세티아 사이에 각각 다른 방향으로 그려줍니다. 완성되었을 때 원형의 리스를 고려하여 위치를 잘 잡아주세요.

15

포인세티아를 중심으로 바깥쪽을 향하도록 잎을 그려주세요. 진초록색 오일 파스텔로 둘레가 뾰족하게 갈라지는 모양으로 그리고, 한쪽은 두 장이 겹쳐진 모양으로 그려줍니다.

**16**

흰색 색연필로 잎 중앙에 잎맥을 긋어주세요. 그리고 두 장이 겹친 경계선을 뾰족하게 긋어 면을 나누어주세요.

**17**

15번, 16번 순서대로 방울과 포인세티아 사이에 잎을 그려주세요.

**18**

리스의 안쪽과 바깥쪽에 짧은 전나무 잎을 차곡차곡 그려주세요. 초록색과 진초록색 두 가지 색연필로 고르게 그려줍니다.

**19**

18번 순서대로 리스 전체에 한쪽 방향으로 풍성하게 잎을 둘러주세요.

**20**

솔방울과 빨간 방울 양옆에 작은 열매 송이를 그려주세요. 초록색 색연필로 짧은 가지를 세 개 그린 후, 끝에 빨간색 색연필로 타원형의 열매를 그려주세요.

**21**

리스의 안쪽 중앙에 진빨간색 색연필로 영어 Merry Christmas를 레터링 해주세요.

picnic

## 피크닉

가벼운 봄바람이 불기 시작하면 어디로든 훌쩍 떠나고 싶어요.
두툼한 샌드위치와 싱그러운 과일을 가득 담은 피크닉 가방은 즐거운 분위기를 한껏 고조시켜요.
피크닉 패브릭 위에 점심거리를 오밀조밀 그려가며 따뜻한 기분을 느껴보세요.

## 사용한 오일 파스텔

## 사용한 색연필

**1**

피크닉 가방을 그려줍니다. 밝은 황토색 오일 파스텔로 각진 모양의 바닥 선을 비스듬히 그려주세요. 그리고 황토색 오일 파스텔로 기둥을 그려줍니다.

**2**

잠금장치와 손잡이를 그립니다. 위쪽 중앙에 연회색 오일 파스텔로 작은 사각형을 그린 후, 갈색 오일 파스텔로 긴 타원형을 그려주세요. 아래쪽에 간격을 두고 손잡이와 양옆에 작은 타원형 두 개를 그려주세요.

**3**

황토색 오일 파스텔로 옆면에 일정한 간격의 대를 그려주세요. 좁은 면에는 간격을 더 좁혀서 그려줍니다.

**4**

밝은 황토색 오일 파스텔로 3번에 가로로 엮인 대를 차곡차곡 그려주세요. 3번을 중심으로 한 번은 위로 덧칠하고, 한 번은 피해서 칠하는 방식으로 번갈아가며 그려주세요. 두 번째 줄부터는 앞서 그린 대와 엇갈리게 그려줍니다.

5

흰색 색연필로 옆면과 바닥 면의 경계선을 긁어주세요. 그리고 바닥 면을 사선으로 촘촘히 긁어줍니다.

6

가로와 세로로 엮인 대의 외곽선을 흰색 색연필로 선명하게 긁어주세요.

7

흰색 색연필로 잠금장치와 손잡이 끝에 작은 원을 긁은 후, 손잡이 가장자리에 세로로 선을 긁어줍니다. 그리고 적갈색 색연필로 외곽선을 덧그려주세요.

8

검은색 색연필로 잠금장치의 가운데에 세로로 직사각형을 그리고, 양쪽에 각진 외곽선을 그려주세요. 그리고 진회색 색연필로 손잡이와 타원형 사이에 각진 고리를 그려 연결해주세요.

9

밝은 황토색 오일 파스텔로 사각형의 바구니 입구를 그리고, 열어놓은 뚜껑 둘레를 그려주세요. 그리고 갈색 오일 파스텔로 뚜껑의 중앙에 잠금 벨트를 그려주세요.

10

흰색 색연필로 입구와 뚜껑의 외곽선을 긁은 후, 둘레에 사선을 촘촘히 긁어주세요. 그리고 파란색 색연필로 뚜껑의 안쪽 둘레를 그려주세요.

11

잠금 벨트의 가장자리를 흰색 색연필로 둥글게 긁어 면을 나누어주세요. 그리고 가운데에 구멍을 긁은 후, 검은색 색연필로 외곽선을 덧그려주세요.

12

뚜껑의 한쪽 면에 갈색 오일 파스텔로 엑스(X) 모양의 벨트를 그려주세요. 그 사이에 회색과 연회색 색연필로 접시를 그려줍니다.

13

흰색 색연필로 벨트 끝부분이 겹쳐진 모양을 긁어주세요. 그리고 끝에서부터 점을 찍듯이 구멍을 긁고, 가장 안쪽 구멍에 검은색 색연필로 버클을 그려줍니다.

14

갈색 오일 파스텔로 접시 옆에 스푼 꽂이를 그려주세요. 아래쪽으로 둥근 모양의 띠를 세 구간 그려주세요. 그리고 흰색 색연필로 각 구간 사이를 긁어주세요.

15

스푼 꽂이에 연회색 색연필로 나이프, 포크, 스푼을 순서대로 그려주세요.

16

바탕 면을 하늘색 오일 파스텔로 칠하고 나이프, 포크, 스푼의 외곽선을 하늘색 색연필로 깔끔하게 정리해주세요. 그리고 진파란색 색연필로 줄무늬를 그려줍니다.

17

바구니 안쪽에 우윳병을 그려줍니다. 연분홍색 색연필로 타원형의 뚜껑을 그리고, 회색 색연필로 디테일을 그려주세요. 그리고 아래쪽에 목이 있는 유리병 외곽선을 그려줍니다.

18

검은색 색연필로 뚜껑 윗면에 영어 milk를 레터링 해주세요. 그리고 연회색 색연필로 병 안쪽에 간격을 두고 우유 외곽선을 그려주세요.

19

우유 뒤쪽에 주스 병을 그려주세요. 연회색 색연필로 마개를 그리고, 회색 색연필로 둥근 입구를 두 겹으로 그려주세요.

20

회색 색연필로 목이 긴 병 외곽선을 그려주세요. 그 안쪽에 간격을 두고 밝은 주황색 오일 파스텔로 주스를 칠해주세요.

21

안쪽 바탕 면을 하늘색 오일 파스텔로 칠하고, 입구 둘레를 파란색 색연필로 덧그려주세요. 그리고 흰색 색연필로 바닥 선을 긁어 면을 나눈 후, 뚜껑과 이어지도록 진파란색으로 줄무늬를 그려주세요.

22

밀짚모자를 그려줍니다. 황토색 색연필로 모자의 밑그림을 그려주세요. 머리 부분을 둥글게 그린 후, 둘레에 둥근 모자 챙을 그려주세요.

23

모자의 리본 띠 부분을 제외한 바탕 면을 베이지색 오일 파스텔로 칠해주세요.

24

검은색 오일 파스텔로 리본 띠를 칠하고 모자 뒤쪽에 가려진 리본을 그려주세요. 중간에 작은 매듭을 그린 후, 양쪽에 길고 둥근 날개를 그려줍니다.

25

검은색 오일 파스텔로 리본 뒤로 길게 휘어진 모양의 꼬리를 그리고, 끝은 두 갈래로 갈라지게 그려줍니다. 그리고 검은색 색연필로 외곽선을 깔끔하게 정리해주세요.

26

흰색 색연필로 리본의 매듭과 날개의 윗면을 긁어주세요. 그리고 황토색 색연필로 모자의 외곽선을 덧그리고 윗면의 둘레를 둥글게 긁어주세요.

27

흰색 색연필로 챙과 윗면을 가장자리부터 안쪽으로 둥글고 촘촘하게 긁어주세요. 윗면은 십자 모양으로 한 번 더 긁어줍니다.

28

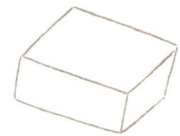

샌드위치 도시락을 그려줍니다. 진회색 색연필로 입체적인 직사각형 모양으로 도시락 외곽선을 그려주세요.

29

안쪽 면에 샌드위치를 두 개 그려주세요. 베이지색 오일 파스텔로 얇고 긴 식빵을 그린 후, 황토색 오일 파스텔로 가장자리를 덧칠해주세요.

30

빵 사이에 한쪽 면에 붙여서 상추를 그려주세요. 초록색 오일 파스텔로 구불구불한 모양의 상추를 그리고, 연두색 오일 파스텔로 볼록한 부분을 군데군데 덧칠해주세요.

31

상추의 반대쪽에 계란을 그려주세요. 연노란색 오일 파스텔로 두껍게 칠한 후, 진노란색 오일 파스텔로 군데군데 덧칠해주세요.

32

가운데 빈 부분에 밝은 빨간색 오일 파스텔로 토마토를 그려주세요. 연갈색 색연필로 빵의 외곽선을 덧그려주세요.

33

연회색 색연필로 머리가 둥근 모양의 포크를 비스듬히 그려주세요.

34

도시락 아래쪽에 연주황색 오일 파스텔로 손수건을 그려주세요. 도시락의 절반 정도에 걸쳐서 굴곡이 있는 모양으로 그리고, 가장자리 둘레에 진회색 색연필로 선을 그려주세요. 그리고 흰색 색연필로 포크의 둘레를 긁어 정리해줍니다.

35

커피 머그잔을 그려주세요. 밝은 남색 오일 파스텔로 입구가 두꺼운 컵을 짧게 그려주세요.

36

아래쪽에 회색 오일 파스텔로 바닥을 그리고, 흰색 색연필로 경계선을 긁어주세요.

37

흰색 색연필로 컵의 면에 일정한 간격으로 줄무늬를 긁어주세요. 그리고 안쪽 면에 진갈색 오일 파스텔로 커피를 둥글게 칠해주세요.

38

35~37번 순서대로 녹차 머그잔을 그려주세요. 컵은 황회색, 녹차는 회녹색 오일 파스텔로 그려줍니다.

39

청포도 접시를 그려줍니다. 회색 색연필로 타원형의 접시 외곽선을 그려주세요.

40

접시 안쪽에 타원형의 청포도를 여러 방향으로 가득 그려주세요. 연두색 오일 파스텔로 그린 후, 진황색 색연필로 꼭지를 그려줍니다.

41

접시 안쪽에 연회색 색연필로 포도를 피해 둥근 선을 그려주세요. 그리고 둘레에 일정한 간격으로 체리 패턴을 그려줍니다. 파란색 색연필로 작은 원형을 두 개 그린 후, 살구색 색연필로 꼭지를 그려주세요.

42

진회색 색연필로 굴곡이 있는 모양의 패브릭 매트 외곽선을 넓게 그려주세요.

43

매트의 바탕 면에 격자 패턴을 그려주세요. 회색 색연필로 외형의 굴곡을 고려하면서 일정한 간격으로 세로 패턴을 그려줍니다.

44

회색으로 43번과 교차되는 가로 선을 일정한 간격으로 그려 패턴을 마무리합니다.

# repotting

## 화분 갈이

따뜻한 봄이 오면 화분 갈이를 합니다.
화분 갈이를 하면 식물은 더 잘 자랄 수 있다고 해요.
싱그러운 꽃과 흙냄새는 기분을 산뜻하게 만들어주지요.
라벤더의 향을 상상하며 그러데이션이 예쁜 꽃을 그려보세요.

**사용한 오일 파스텔**

**사용한 색연필**

1

양동이 화분을 그려주세요. 연회색 오일 파스텔로 아래로 갈수록 좁아지는 모양의 외곽선을 그려줍니다. 그리고 베이지색 오일 파스텔로 아래쪽에 긴 직사각형의 손잡이를 그려주세요.

2

연회색 오일 파스텔로 양동이의 입구를 타원형으로 그린 후, 바탕 면을 칠해주세요. 그리고 손잡이 둘레를 흰색 색연필로 긁어주세요.

3

양동이 안쪽 면에 회색 색연필로 직사각형의 팻말을 그려주세요.

4

양동이 양옆에 손잡이 철사를 연결할 장치를 그려주세요. 회색 오일 파스텔로 작은 직사각형을 그린 후, 진회색 오일 파스텔로 더 작게 그려주세요.

5

손잡이와 연결 장치 사이를 회색 색연필로 각 지게 이어 주세요. 그리고 입구의 가장자리 둘레를 흰색 색연필로 둥글게 긁어주세요.

6

양동이 안쪽 면에 라벤더 줄기를 그려주세요. 연두색 오일 파스텔로 각각 다른 길이의 줄기를 그린 후, 회녹색 오일 파스텔로 덧칠해주세요.

7

줄기 끝부분에 연보라색 오일 파스텔로 작게 점을 찍듯이 라벤더 꽃을 그려주세요. 위아래 끝부분이 점점 좁아지는 모양으로 길게 그려줍니다. 아래쪽에도 간격을 두고 작은 꽃송이를 그려주세요.

8

꽃송이의 윗부분을 연분홍색 오일 파스텔로 덧칠해주세요. 그리고 중간 부분을 남기고 아래쪽 부분을 보라색 오일 파스텔로 덧칠해줍니다. 아래쪽 작은 송이에도 불규칙적으로 덧칠해주세요.

9

작은 꽃송이마다 하트 모양으로 외곽선을 덧그려주세요. 밝은 부분은 연남보라색, 어두운 부분은 남보라색 색연필로 나누어 덧그려주세요.

10

줄기에 일정한 간격으로 길고 뾰족한 모양의 잎을 그려주세요. 초록색 색연필로 잎을 서너 개씩 그린 후, 암녹색 색연필로 외곽선을 덧그려주세요.

11

황토색 오일 파스텔로 양동이의 안쪽 바탕 면의 흙을 칠해주세요.

12

흰색 색연필로 흙과 양동이의 경계선을 긋어주세요. 그리고 진회색 색연필로 팻말에 영어 lavender를 레터링 해주세요.

13

뿌리가 있는 라벤더를 그려주세요. 6번 순서대로 휘어진 긴 줄기를 그리고, 옆으로 자란 줄기를 하나 더 그려주세요.

14

7~10번 순서대로 꽃과 잎을 그려주세요.

15

줄기 끝에 연갈색 색연필로 뿌리를 그려줍니다. 세 갈래로 각각 다른 길이의 뿌리를 그려주세요. 그리고 양옆으로 엇갈리게 자란 잔뿌리를 그려주세요.

16

잔뿌리에 밝은 황토색 오일 파스텔로 둥글고 길게 덩어리진 흙을 덧그려주세요.

**17**

작은 화분을 그려주세요. 적갈색 오일 파스텔로 입구가 타원형인 화분을 그려줍니다. 입구의 안쪽 중앙은 라벤더를 그릴 부분으로 비워주세요.

**18**

화분의 중앙에 6~10번 순서대로 라벤더를 그려주세요.

**19**

황토색 오일 파스텔로 화분의 안쪽 바탕 면의 흙을 칠해 주세요. 그리고 흰색 색연필로 입구 아래쪽을 둥글게 세 번 긁어주세요.

**20**

물뿌리개를 그려주세요. 몸체의 외곽선을 옅은 초록색 오일 파스텔로 그려주세요. 그리고 중앙에 파란색 색연 필로 새 한 마리를 그려주세요.

**21**

검은색과 노란색 색연필로 눈과 부리를 그리고, 날개에 남색 색연필로 점선을 그려주세요. 그리고 옅은 초록색 오일 파스텔로 물뿌리개의 윗면 둘레를 둥글게 그린 후, 바탕 면을 칠해주세요.

**22**

옅은 초록색 오일 파스텔로 윗면을 타원형으로 칠해주세 요. 이때 절반 정도를 비스듬한 반원 모양으로 남겨두고 칠해줍니다. 그리고 새 아래쪽에 암녹색 색연필로 영어 bird를 레터링 해주세요.

23

옅은 초록색 오일 파스텔로 위로 갈수록 좁아지는 긴 주둥이를 그린 후, 회색 오일 파스텔로 윗면을 그려주세요. 그리고 흰색 색연필로 점을 찍듯이 촘촘히 긁어 물이 나오는 구멍을 표현해주세요.

24

옅은 초록색 오일 파스텔로 몸체 뒤쪽에 둥글고 긴 손잡이를 그려주세요. 하늘색 오일 파스텔로 윗면의 반원 안쪽에 물을 그려줍니다. 그리고 흰색 색연필로 마주보는 작은 반원을 긁어 홈을 표현해주세요.

25

청록색 색연필로 윗면과 주둥이, 손잡이의 외곽선을 덧그려주세요.

26

모종삽을 그려줍니다. 베이지색 오일 파스텔로 긴 손잡이를 비스듬히 그려주세요.

27

손잡이 끝에 밝은 군청색 오일 파스텔로 긴 삼각형 모양의 삽을 그려주세요. 그리고 흰색 색연필로 손잡이를 따라 산이 중앙을 길고 뾰족하게 긁어주세요.

28

흰색 색연필로 삽의 끝부분에 동그라미 두 개를 긁은 후, 검은색 색연필로 나사를 덧그려주세요. 그리고 손잡이 끝에 연갈색 색연필로 선을 그려줍니다.

여섯번째
위로

그림으로
만들기

# paper bouquet

## 종이 꽃다발

꽃은 예쁘지만 금방 시들어버리는 것이 안타까워요.
직접 그린 꽃 그림으로 종이 꽃다발을 만들어보세요.
꽃 그림을 오리고 빈티지한 느낌의 종이로 포장을 하고, 소박한 끈도 매주세요.
오래 두고 봐도 시들지 않아요.

**재료**

그림 그릴 종이(200g 이상), 영문 종이, 오일 파스텔, 가위, 고체 풀, 본드, 가죽 끈

1. 꽃과 잎을 각각 따로 그려주세요(p.96 참고).

2. 그린 그림을 가위로 오려주세요. 세심한 부분은 날이 날렵하고 작은 가위를 사용하는 것이 좋아요.

3. 꽃다발(p.96)의 구도를 참고하여 모양을 차곡차곡 잡아주세요. 먼저 짧은 꽃 두 송이를 교차되게 모양을 잡은 후, 본드로 붙여주세요.

4. 두 꽃의 사이에 보이도록 분홍색 꽃을 뒤쪽에 붙여주세요.

5. 꽃의 양옆에 둥근 잎의 가지와 연두색 잎의 가지를 비스듬히 붙여주세요.

6. 분홍색 꽃과 연두색 잎 사이에 뾰족한 잎의 가지를 붙여주세요.

7

마지막으로 연두색 잎의 옆쪽에 뾰족한 잎의 가지를 붙여주세요.

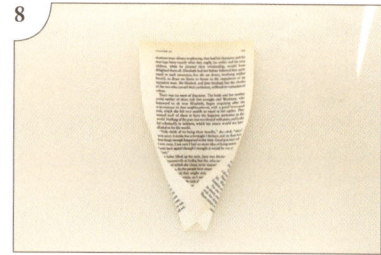

8

꽃다발을 포장해줍니다. 영문 종이의 아래쪽 두 모서리를 안쪽으로 포개어 풀로 고정시켜주세요.

9

종이의 포개진 부분 위에 꽃의 붙인 부분을 맞춰서 올려주세요.

10

종이와 꽃의 포갠 부분을 한 손에 잘 잡고, 다른 손으로 가지를 감싸듯이 말아주세요.

다른 쪽도 감싸듯이 말아서 꽃다발의 모양을 잡아주세요.

가죽 끈으로 감싼 부분을 두어 번 감아서 매듭을 단단히 묶어주세요.

영문 종이의 위쪽 둘레를 삼각으로 잘라 모양을 다듬어주세요.

각각의 잎을 불규칙하게 앞쪽으로 살짝 접어서 입체감을 살려주세요.

# bookmark

### 책갈피

책을 느리게 읽는 편이지만 꾸준히 읽으려고 해요.
그래서 책장 사이에 끼워놓은 책갈피도 천천히 자리를 옮겨갑니다.
내가 그린 그림으로 작은 책갈피를 만들어보세요.
친구에게 책과 함께 선물해도 좋을 것 같아요.

# 컵 책갈피

**재료**

그림 그릴 종이(200g 이상), 색연필, 접착 고무자석, 가위

위쪽에 여백을 남겨두고 컵을 그려주세요(p.73 참고).

컵 윗면의 평평한 둘레에 맞춰서 종이를 접어주세요.

접힌 쪽의 평평한 부분을 남겨두고 컵의 모양대로 오려주세요.

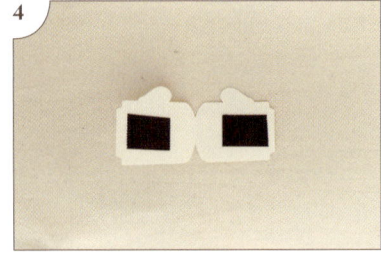

종이를 펼쳐서 안쪽의 양면에 고무자석을 붙여주세요. 자석이 비칠 수 있으니 색칠한 부분에 붙여줍니다.

## 연필 그림 책갈피

**재료**
그림 그릴 종이, 연필, 트레이싱지, 펀치, 가죽 끈, 가위, 칼

1 연필로 그림을 그려주세요(p.90 참고).

2 그림의 크기에 맞게 적당한 크기로 자르고, 트레이싱지도 같은 크기로 잘라주세요.

3 그림 종이와 트레이싱지를 포개어 잡은 후, 위쪽 중앙에 펀치로 구멍을 뚫어주세요.

4 가죽 끈을 반으로 접어 고리 부분을 구멍에 통과시켜주세요. 그림의 뒷면에서 앞면 쪽으로 넣어줍니다.

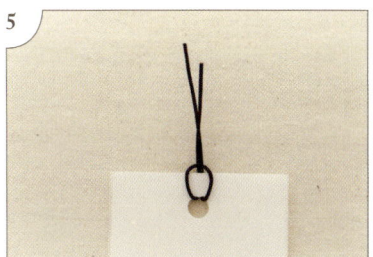

5 가죽 끈의 끝부분을 고리 안으로 통과시킨 후 당겨주세요.

# birthday card

## 팝업 생일카드

입체적인 느낌의 생일카드예요. 팝업 디자인으로 펼쳤을 때 소소한 재미가 있어요.
소중한 사람을 위해 내가 그린 그림으로 정성이 담긴 생일카드를 만들어보세요.

**재료**

두꺼운 흰색 종이(200g 이상), 분홍색 종이(120g 이상), 색연필, 연필, 가위, 칼, 자, 고체 풀

1 생일 케이크와 선물상자를 각각 그려주세요 (p.252 참고).

2 각각의 그림을 깔끔하게 오려주세요. 세밀한 부분은 날이 날렵하고 작은 가위를 사용하는 것이 좋아요.

3 두꺼운 흰색 종이는 카드, 분홍색 종이는 속지입니다. 두 종이를 가로 15cm, 세로 20cm 크기로 자른 후 반으로 접어주세요.

4 분홍색 종이의 접힌 쪽에 폭이 1cm인 평행선을 그려주세요. 중앙에 3cm, 양옆에 각각 1cm, 2cm로 간격을 두고 그려주세요(길이가 길수록 카드를 열었을 때 더 앞쪽에 위치하게 됩니다).

평행선을 가위로 잘라 가위집을 내주세요.

가위집을 접힌 안쪽으로 접어주세요.

종이를 펼쳐서 띠에 오려놓은 그림을 붙여줍니다. 띠에 풀을 바르고 중앙에는 케이크, 양옆에는 선물상자를 붙여주세요.

흰색 종이 안쪽에 분홍색 종이를 붙여주세요. 전체를 붙이지 말고 앞뒷면의 중앙에만 풀을 발라 고정시켜주세요.

카드의 앞면에 연보라색 색연필로 영어 HAPPY BIRTHDAY TO YOU를 레터링 해주세요.